盛 巍 李晓峰◎著

中华工商联合出版社

图书在版编目（CIP）数据

高效领导力 / 盛巍，李晓峰著． -- 北京：中华工商联合出版社，2022.5
ISBN 978-7-5158-3373-6

Ⅰ．①高… Ⅱ．①盛… ②李… Ⅲ．①企业领导学—研究 Ⅳ．① F272.91

中国版本图书馆 CIP 数据核字（2022）第 058391 号

高效领导力

作　　　者：	盛　巍　李晓峰
出 品 人：	李　梁
图 书 策 划：	蓝色畅想
责 任 编 辑：	吴建新　林　立
装 帧 设 计：	胡椒书衣
责 任 审 读：	付德华
责 任 印 制：	迈致红
出 版 发 行：	中华工商联合出版社有限责任公司
印　　　刷：	三河市天润建兴印务有限公司
版　　　次：	2022年5月第1版
印　　　次：	2024年1月第3次印刷
开　　　本：	710mm×1000mm　1/16
字　　　数：	183千字
印　　　张：	13.5
书　　　号：	ISBN 978-7-5158-3373-6
定　　　价：	56.00元

服务热线：010-58301130-0（前台）

销售热线：010-58302977（网店部）
　　　　　010-58302166（门店部）
　　　　　010-58302837（馆配部、新媒体部）
　　　　　010-58302813（团购部）

地址邮编：北京市西城区西环广场A座
　　　　　19-20层，100044

http://www.chgscbs.cn

投稿热线：010-58302907（总编室）

投稿邮箱：1621239583@qq.com

工商联版图书
版权所有　盗版必究

凡本社图书出现印装质量问题，请与印务部联系。
联系电话：010-58302915

序　言

2021年一天下午，我在整理电脑中的资料时突然意识到，自己从事管理工作已经二十余年，做职业培训师也已经近八年，授课千余场，学员人数更是接近几万人次。很有必要对这二十多年的管理与培训经验进行总结，这其中有痛苦，有欢乐，有失败，也有成功。是时候停下来，对过去进行总结和记录。

我将自己的这一想法告诉了多年好友李晓峰老师。我和晓峰老师在许多方面观点一致，有着很多共同语言。晓峰老师多年来也一直从事一线团队的管理工作，有多场针对企业不同管理层的授课经历，以及多样的生活和职场阅历。我们一拍即合，他当即同意与我一起共同来完成这本关于领导力的书籍，希望能够借助这本书与大家进行深入的分享与交流。

领导力，是管理领域非常热门的一个词语。在企业管理中没有一家企业不谈领导力；在培训行业中没有一位管理专家不讲领导力。在百度词条中搜"领导力"，可以找到超过一亿条信息。我们所说的领导力，准确地说，是借鉴了西方的Leadership，即勇敢向前、突破瓶颈、勇于蜕变。一直以来，对于团队管理者来说，领导力是一个永恒而又缥缈的主题，为什么这么说呢？谚语有云："人往高处走，水往低处流。"每个人都希望自己的职业发展一帆风顺，能够树立威信，提升领导力，成为团队中值得尊敬和信任的优秀管理者、卓越领导者。但是领导力不是一蹴而就的，更是不可复制的。每个人都有自己独特的性格特征以及优缺点，同时，团队中的成员也性格各异，具有不可复制性。

那么，什么才是高效的领导力呢？在本书中，我们共分了三个部分来进行阐述。第一部分主要讲的是对角色的认知以及定位，总结了管理者的角色及八项能力；第二部分主要讲的是我们在管理过程中所遇到的"选人、用人、育人、留人"的问题，并且总结了团队管理的法则。在企业管理过程中，"识人"很关键。我们在这一部分阐明了四种识人的误区和五种常见的识人方法；第三部分主要讲的是战略思维及用人成事，通过制度化、流程化、信息化的运营手段，为企业的健康持续发展保驾护航。

本书中提到的关于领导力的各项能力是一种思维和认知，绝对不是固有的方法，大家可以根据不同的情况，针对团队不同的成员灵活学习和运用，真正做到差异化管理，建立一套适合自己的管理模式，打造独有的领导力风格。

我们写这本书的初衷就是想把自己多年的管理经验与经历提炼总结出来，与大家一起分享讨论。多年前的一次头脑风暴中，我们就突然萌生了写这本书的想法。今天，我们终于实现了。对于我们来说也可以算作完成了一项人生使命。我们将二十多年的企业管理实践经验汇集到这一本书中，书中的内容都源自我们的实践、思考和总结。如果读完这本书后，能对大家的工作有所启发和帮助，对于我们来说就是一件很有价值和意义的事情。如果您对本书中的观点有任何建议或补充，欢迎您的批评和指正。感谢您的阅读。

盛巍

2021年10月于北京

目 录

PART1：角色清晰，定位精准

第一章——管理者的角色认知

- 01 管理者与领导者 \4
- 02 领导力的核心 \7
- 03 懂得"三思而后行" \10
- 04 果断决策，雷厉风行 \13

第二章——管理者的常见角色

- 01 角色一：决策者 \18
- 02 角色二：执行人 \21
- 03 角色三：激励大师 \23
- 04 角色四：监督员 \26
- 05 角色五：保姆 \29

06 角色六：技术教练 \32

07 角色七：问题专家 \35

08 角色八：顾问 \39

09 角色九：合作伙伴 \42

10 角色十：蓝图设计师 \44

第三章——管理者的八项能力

01 坚定的决策力 \50

02 敏锐的洞察力 \53

03 高效的协调能力 \56

04 团队的组织力 \60

05 持续的领航力 \62

06 认可的威信 \65

07 冷静的行动力 \68

08 变革的创新力 \71

PART2：事在人为，先理后管

第四章——知人

  01 选择人才：不以个人喜好去选择 \78

  02 如何找到"潜力股" \80

  03 让员工帮你选择人才 \84

  04 选择人才：看智商，更要看情商 \87

  05 识人：能力与学历并重 \90

  06 五种常见的识人方法 \93

  07 识人的四大误区 \96

第五章——用人

  01 用人要小心，更要大胆 \100

  02 用人就要"人尽其才" \102

  03 善用的标志就是会授权 \105

  04 授权：明确责任 \107

  05 授权：按需放权 \110

第六章——育人

01 建立和提升岗位胜任力模型 \116

02 差异化培训 \119

03 搭建学习体系 \122

04 学习成果的落地实践 \125

第七章——留人

01 激励是最好的留住人才的方式 \130

02 信任是最好的激励 \132

03 情感激励，让员工更忠诚 \134

04 合理的激励，让员工价值最大化 \137

05 挫折与危机教育也是激励 \140

06 前瞻性的激励，让员工看到前景 \143

07 激励要有"绩效考核" \145

第八章——团队法则

01 制订团队大方向 \150

02 提升团队凝聚力 \153

03 树立团队价值观 \156

04 培养团队自豪感 \158

05　科学分配团队角色 \161

06　打造差异化的团队 \164

PART3：战略思维，用人成事

第九章——组织运营

01　制订运营战略 \170

02　打造超级流程 \174

03　制订规章制度 \177

04　全面提升信息管理 \180

05　提高执行效率 \183

06　打造价值平台 \185

第十章——经营战略

01　战略思考与全局思维 \190

02　运营认知思维 \193

03　财务认知思维 \195

04　信息分析与决策思维 \198

05　人才战略思维 \200

PART 1
角色清晰，定位精准

第一章

管理者的角色认知

01 管理者与领导者

一位优秀的管理者同时还是优秀的领导者，一位优秀的领导者一定懂得如何科学地进行管理。管理，就是"管"与"理"的结合，既要懂得如何"管理员工"，还要能够把烦琐的"事情"理顺。管理的过程其实就是一个"梳理"的过程，管理者需要把复杂的问题"简单化"，把抽象的问题具体化。只有这样，员工才能看清明事情的本质；而管理者则通过这一过程具备了"领导"的能力。

那么，什么才是管理呢？管理非常"抽象"，具体说，它是一门艺术。管理大师德鲁克认为："卓有成效的管理者善于发现员工的优势。"我们应该如何理解这句话呢？对于一名企业管理者而言，管理的本质就是"管理员工"，使员工听从指令，完成目标，实现自己的价值，也就是能够使员工出现在最适合自己的岗位上。总之，管理者能够使员工"扬长避短"，实现最大的价值，这就是一种"卓有成效"的管理。

管理大师詹姆斯·柯林斯说过这样一句话："将适合的人请上车，不适合的人请下车。"这句话与德鲁克的说法有着异曲同工之处。有人问："把不适合的人请下车，是不是有些残酷、不近人情？"企业并不是一个讲"人情世故"的地方，不讲"人情世故"，就是让最适合企业的人才留下来，不适合企业的员工，就需要对其进行"调整"。"调整"并不意味着员工离开企业或者被淘汰出局，而是结合这些员工的行为和能力，对他们的职业人生重新进行规划和调整。还有人问："现在流行的企业管理不是'以人为本'吗？"是的，但是"以人为本"与"人情世故"并不冲突。管理者只有让所有的人都能发挥作用、实现价值，这才是"管理"。如果人才没有在其岗位上发挥作用、实现价值，管理者就需要对人才和岗位的匹配度进行"反思"：是不是在"决策用人"方面或者"岗位管理"方面存在问题？管理者在管理企业的时候，还要"反思"自己的"管理"，即反思自己。管理者只有管理好自己，才能成长为真正的领导者。管理者与领导者是有区别的。有许多优秀的管理者并没有成长为优秀的领导者，这是为什么呢？一般来说，管理者与领导者的区别体现在以下四方面：

第一，管理者是"权力"的任命，有了"权力"，才能成为管理者。领导者并不是被"任命"的管理者，而是权力与精神信仰的高度统一。管理者想要成为领导者，还需要做许多"管理"之外的工作，如信仰文化的创造、决策制订以及企业蓝图的绘制。

第二，管理者与领导者"影响"员工的方式不同。管理者在管理员工时，更多依靠"指令"去要求员工；而领导者则更多依靠自己的"精神影响力"，员工受其精神的影响主动去完成工作。

第三，管理者的"管理"需要借助管理制度和管理工具来完成；领导者的"管理"则依靠远景目标和精神激励。因此，我们经常看到，许多著名企业的领导者会在"员工大会"上为企业和员工"造梦"，激励企业和员工去为自己的梦想奋斗。

第四，管理者的管理是有边界的，通常在某个"区域"内有效；领导者的管理是没有边界的，且领导者的管理具有超前性；管理者的"管理"通常具备可复制的特点，领导者的"管理"则难以复制，领导者的"管理"强大且个性化。

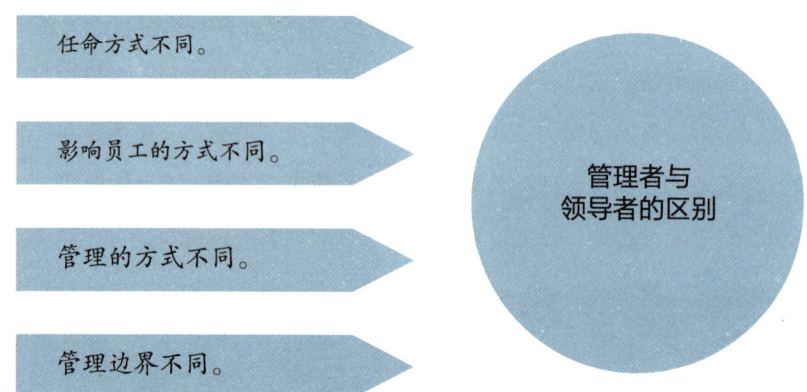

图1-1 管理者与领导者的区别

管理者与领导者不尽相同,但是一家企业中既需要领导者,也需要管理者。管理者与领导者能否集中到一个人身上呢?答案是肯定的。许多领导者,不仅是优秀的管理者,还是企业信仰的制造者以及企业梦想的制造者,在不同时期、不同区域内,能够胜任不同的角色。一位领导者,需要做好以下几方面:

第一,领导者具有双重身份,即领导者与管理者,同时拥有职位权力和身份权力。职位权力是"职位"组织所赋予的,具有"强制"的特点,身份权力是"情商"所赋予的,更多体现了"人格"的影响。领导者需要同时界定"职位权力"与"身份权力",并将这两种权力有机地融合在一起。

第二,领导者需要做好两方面的改善,即"管理循环"的改善和"领导循环"的改善。"管理循环"的改善是指从"计划出发"到"结果实现"这一过程中的改善,需要借助管理工具;"领导循环"的改善是指从"愿景出发"到"价值实现"这一过程中的改善,更多依靠领导者的感染力和信仰激励。

第三,领导者需要做好两方面的行为,即"管理行为"与"领导行为"。管理行为具体体现在管控过程和计划实现;领导行为具体体现在鼓舞和激励员工，使员工转化为忠诚的"追随者"。

如果我们的企业管理者能够将"管理者"与"领导者"的身份和行为充分融合在一起，那么，就能够成为企业领导者。一位具备强大领导能力的领导者，才是真正意义上的管理者。

02　领导力的核心

什么是领导力呢？通用集团副总裁马克·赫根这样说道："记住，是人来完成工作的。世界上最好的计划，如果没有人执行，那么就没有任何意义。我努力让最聪明、最有创造力的人们在我周围。我的目标是永远为那些最优秀、最有天赋的人们创造他们想要的工作环境。如果你能够做到尊重他人并且永远信守承诺，那么，你将会成为一位领导者，不管你在公司的职位高低。"领导力就是这样一种"力量"，它可以让更多优秀的人才凝聚在一起，让大家一起工作，一起完成伟大的计划。而你的承诺更是有着非同一般的意义。总之，领导力是"领"与"导"相结合而成的"力量"。

所谓"领"，就是带领。拥有领导力的人，一定能够带领人们走向"成功"，或者带领一支队伍攻克难题。所谓"导"，就是"引导"。有时候，领导者更像一名导师，不需借助自己的管理权限去引导他人如何去做。那么，领导力的核心是什么呢？它的核心就是在尊重和信任的基础上，打造自己团队的过程中所体现出的六种能力，即学习力、决策力、感召力、整合力、教导力以及执行力。

一、学习力

并不是所有的领导者都是"天生"的，诸多有影响力的领导者都是通过后天学习学得的。领导者，需要具备持续不断的学习力。什么是学习力呢？百度百科给出这样的解释："学习力是把知识资源转化为知识资本的能力。个人的学习力，不仅包含它的知识总量，即个人学习内容的宽广程度和组织与个人的开放程度；也包含它的知识质量，即学习者的综合素质、学习效率和学习品质；还包含它的学习流量，即学习的速度及吸纳和扩充知识的能力；更重要的是看它的知识增量，即学习成果的创新程度以及学习者把知识转化为价值的程度。"一个人通过不断的学习，不仅能够扩充知识量，还可以锻炼自己的思维，让大脑更加活跃。知识源于学习，技能也源于学习。几乎人类所需要的能力都是通过学习获得的。

二、决策力

我们总能看到领导者做出果断的决策，尤其当"风口"降临时，果断做出决策，才能抓住机遇。还有一些领导者的果断决策，能够让企业、组织免于遭遇"风暴"。决策力是领导者的核心力量，优柔寡断的管理者无法成为优秀的领导者。中山大学教授张华夏认为："就决策和实施来说，决策要三思而行，实施要雷厉风行。一思二思而行，是鲁莽和草率的；七思八思之后，却会错失良机。"决策是"三思之后"的决定，而不是草率而鲁莽的；决策更是"及时"的，错过"好时机"的决策不是决策。

三、感召力

感召力是"抽象"的力量，也是领导者特有的一种力量。感召力也是一种气质，古希腊对感召力的解释是这样的："感召力是神的魅力，它具有五大元素，即坚定的信念、伟大的远见、满满的自信、聪明的头脑以及充满激情的工作斗志。"因此，拥有五大元素的管理者才能成长为有感召力的领导者。有人问："感召力能够培养吗？"是的，感召力是一种可以培养的力量，它与人的后天学习息息相关。如果一个自卑的人变得自信，平庸的人变得有能力，那就是逐渐获得感召力的体现。

四、整合力

从字面上理解，整合力主要体现在"整"与"合"上。所谓"整"，就是整理、规整；所谓"合"，就是协调一致、合而为一。整合力是一种领导力，是一种"聚沙成塔"之力。如果一位领导者能够将组织内部的"闲散力量"整合到一起，就能产生强大的力量。

五、教导力

一位优秀的领导者，一定会培养自己的下属。不同的领导者在培养下属的过程中，方式、方法不同，结果自然也会不同。在这里，我们需要强调的是教导与训导的区别。许多管理者很强势，总是对自己的下属动怒。但是，发怒不是一种教导，教导主要体现在"教"上。教，就是言传身教，通过言行引导自己的下属，能够让下属学到经验，掌握核心力量。

六、执行力

有人问："领导者也需要执行力吗？"是的，如果一位领导者失去了执行力，那么也就失去了领导力。执行力是执行计划的能力。如果领导者想要带领企业取得成就，就需要不断地挑战自己，加强执行力。只有强大的执行力，才能确保领导力的"力度"。换句话说，执行力是领导力的"核心之力"，甚至是领导力"六大元素"中最为重要的因素。

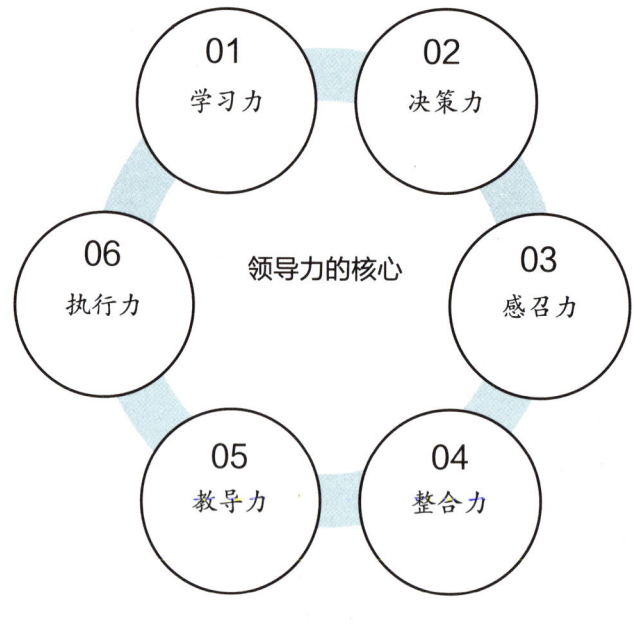

图 1-2　领导力的核心

如果一位管理者拥有了学习力、决策力、感召力、整合力、教导力以及执行力，也就拥有了领导力。

03　懂得"三思而后行"

在前一节中我们说到，领导者做决策，绝不是"一时头脑发热"做出决定，而是三思后的结果。当"风口"和"时机"来临时，领导者需要快速做出决策，这就要求领导者的"三思"必须是高效的，一定要在短时间内完成

"决策工作"。"三思而后行"是一套逻辑思维方式,也是从"计划"到"执行"这一过程中的重要工作。因此,领导者应该深刻领悟"三思而后行"的思想精髓。

什么是"三思而后行"呢?《荀子·法行》中说:"孔子曰:'君子有三思而不可不思也:少而不学,长无能也;老而不教,死无思也;有而不施,穷无与也。是故君子少思长,则学;老思死,则教;有思穷,则施也。'"那么,我们应该如何正确而全面地认识"三思"呢?

第一,"三思"的第一层境界。

"三思"的"思"就是"思想"之意。如果一个人想要求学掌握新知识,就要不断学习。在前面的章节中,我们提到的"学习力"就是一种形成"思想"的能力。"活到老学到老"是一句至理名言,只有"活到老学到老"才能保持长久的竞争力和思想活力。几乎每一位优秀的企业家或者领导者都在不断地学习。三思,是"思想"上的三个层次,就像稻盛和夫"经营思想"的三个层级:经营手法、经营理念以及经营哲学。三个思想层次层层递进,也是"道、法、器"三者的合一。如果一位领导者拥有了"道、法、器",就能彻底"解放"自己,让自己的思想上升到更高的层次,进而能够对"事物"快速做出判断。

第二,"三思"的第二层境界。

中国人常说"居安思危",是指任何时候都要有忧患意识。日本人所说的"危机意识"就是一种居安思危的思想。古人常说:"生于忧患死于安乐。"意思是说,一个国家(或个人)处于忧虑、忧患的状态下才可以长存,而那些没有忧患意识的国家(或个人)往往在安逸中消亡。因此,一位优秀的领导者一定要有忧患意识和居安思危的意识。欧阳修有一句名言:"思所以危则安矣,思所以乱则治矣,思所以亡则存矣。""三思"即思危、思退、思变。

思危,即思考存在的风险。众所周知,当今时代下的企业组织经营管理的风险不断加大,只有排除管理风险,才能解决企业管理问题。现在有许多企业组织都设置了"风险控制部门",旨在排除经营管理中的风险。对于企业管理者(领导者)而言,需要具备排除管理危机的意识和想法,在管理经营过程中,能够及时排除各种风险。

思退,即留一条退路。中国是一个讲"退路"的国家,如果企业管理之路是"华山一条路",遇到突发事件或市场危机,就会让企业走向绝路,面临生死抉择。因此,领导者必须要给企业和自己留一条退路。当企业管理遭遇无法解决的难题,就需要有一条退路。

思变,即思考未来可能存在的变化。当今时代是一个急剧变化的时代,所有人都处在这种"变化"的环境中。有一句古话:"以不变应万变!"其实,这种思想观念已经陈旧了,如果无法跟上时代的步伐,就会被社会淘汰。思变的目的在于,领导者能够在社会变化的浪潮中找到更适合企业组织生存与发展的方法。

第三,"三思"的第三层境界。

"三"在中国文化中有着特殊的含义,《道德经》里有这样一句话:"道生一,一生二,二生三,三生万物。""三"在历朝历代都有不同的认识。有人认为"三"代表了天、地、人。而顾植山先生认为:"'三生万物'不是'天、地、人',而是'开、阖、枢'。不懂得《黄帝内经》的人,都会把'三生万物'理解成'天、地、人'三才。其实只要研究过《黄帝内经》,懂得'开、阖、枢',就知道,三生万物不是'天、地、人'。"不管哪种观点是正确的,都无法否认"三思"中的"三"蕴含着非常高的智慧。

"三思"的第三层境界即思前、思后以及思侧。思前、思后也是思前想后,对事物的来龙去脉进行思考,找到规律与症结,进而解决问题。思侧,则是多方位进行思考,挖掘出更多细节,最后解决问题。"三思"也可以理解为思天、思地、思人,只有顺应天、顺应地,坚持"人伦",才能解决企业组织的终极问题。

"三思"的境界远不止以上这些内容,思考的意义就是帮助领导者提升解决问题的能力和做决策的能力。三思而后行是谨慎行事的方式，领导者真正学会了"三思"，就不会草率地做出决策。

04　果断决策，雷厉风行

"三思"的目的是做决策，做决策是对事物进行判断之后的结果。但是做决策要果断、雷厉风行，绝不能拖泥带水。早在1998年，《人民日报》刊发了一篇名为《论雷厉风行》的通讯报道，文章中写道："雷厉风行，是领导干部的一种精神状态。雷厉风行的对立面就是疲疲沓沓、拖拖拉拉。因此，振奋精神、转变作风的一个重要标志就是要雷厉风行。一是严如雷霆，二是快如迅风。对于已经确定的大政方针、既定目标、各项任务的贯彻落实，必须坚决迅速、不折不扣、有声有色、确有成效。不能雷厉风行的原因是，对于建设和改革面临的任务和困难缺乏认识，责任心不强，紧迫感不够：有的高高在上，缺乏务实之心；有的照抄照转，缺乏调查研究，习惯于依葫芦画瓢；有的对事业缺少信心，对个人缺少自信，精神萎靡，无意进取；有的私心严重，功夫下在讲话、表态、造声势上，就是不去抓落实；还有的热衷于应酬，心思根本不用在正事上。总之，缺乏一种昂扬向上、求真务实的精神状态。"这段话非常充分地表明了"雷厉风行"工作作风的重要意义。"雷厉风行"是一种工作作风，也是一种做事态度。同时，"雷厉风行"还是一种自信，这种自信建立在充分准备的基础之上。俗话说"不打无准备之仗"。之所以有些优秀的领导者能够雷厉风行做出决策，是因为他早已成竹在胸，做好了一切准备工作，甚至提前预知了结果。对于管理者而言，如何才能做到雷厉风行、果断决策呢？

一、准备充足多调研

"工欲善其事，必先利其器。"无论做什么事情，都要提前做好准备。准备工作做得越充分，事情就会处理得越好，做决策时也就越果断。有一家企业准备开展新项目，并且对该项目进行了充分考察和调研，前期工作做得非常充分。到了做决策时，这家公司的老板果断拍板，并且从银行贷了款。项目启动之后，很快就为该企业带来了丰厚的回报。

二、加强责任心勇于承担风险

"责任心"这三个字似乎与领导者关系不大。人们总能听到领导者或者管理者对下属说道："你们要加强责任心，提高防范意识，不要犯错，犯错就会酿成事故！"于是人们就产生了这样一种假象：责任心与领导干部没有关系。事实上，加强责任心的工作首先应该从领导者开始。一个没有责任感的领导者，也无法肩负起在重要时刻为企业组织做出重大决策（历史转折性问题）的责任。一方面，他们担心犯错，也就无法果断做出决策；另一方面，他们缺乏足够的决策承压力度，不会轻易做出决策，甚至等结果明朗之后才做决策，但却因此错过了好时机。因此，想要成为一名雷厉风行的管理者，就要不断提升责任心。

三、提升自信心勇敢面对

雷厉风行做决策是一种"自信"的表现，缺乏自信心的管理者，无法成长为拥有领导魅力的领导者。英国作家赫兹里特说过这样一句话："地位越高，自我评价就越高，自信心有多强，能力就有多强。我们总能表现出与环境协调一致的能力。"还有这样一句话："如果你做了许多重要的事情，这些事情成就了你，无论是成功的你，还是失败的你，你对自己的每一次'选择'都能积极、正确面对，并且接受每一次选择后所产生的'结果'，就会越来越自信。"提升自信的方式、方法有很多，我们将会在后面的章节中进行讲解。总而言之，自信心是一种"心态"，能够保持良好心态的人，往往拥有自信心。

四、建立紧迫感促进行动

许多人并不是不能果断做出决策,而是缺乏紧迫感。有人曾经这样说道:"错过了这里的风景,还会有别处的风景,因为风景无处不在!"难道"风景"处处都存在吗?如果这样的话,为什么还会有这么多企业倒下呢?如果一位管理者患有"拖延症",缺乏必要的紧迫感,把决策当成一件"今天可以做、明天也可以做"的事情,那么就会错过最好的时机。拥有紧迫感的领导者,才能成为雷厉风行的决策者,果断决策,激情工作,时时刻刻督促自己做事情,时时刻刻提醒自己提升执行力,只有这样,才能做好管理和领导的工作。

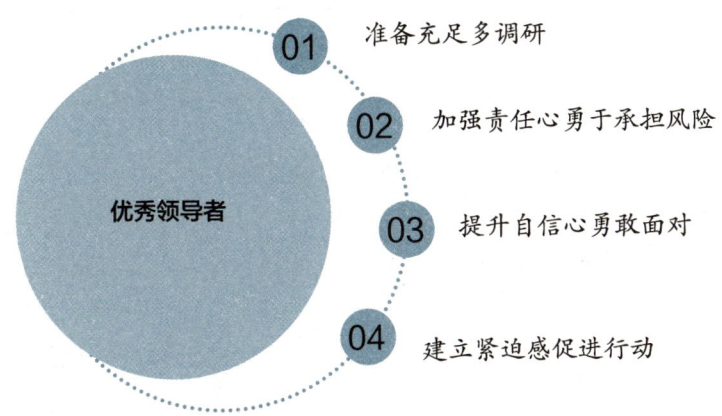

图1-3 管理者如何做到雷厉风行

除此之外,还有一些企业的管理者并不想承担太大的风险,甚至把决策权交给他人。如果其他人也没有决策能力,企业之间、管理者之间就会互相推诿,最后可能导致企业组织面临巨大的风险。决策是一种能力,雷厉风行是一种做事风格,只有将雷厉风行与决策结合到一起,才能展现出优秀领导者的形象。

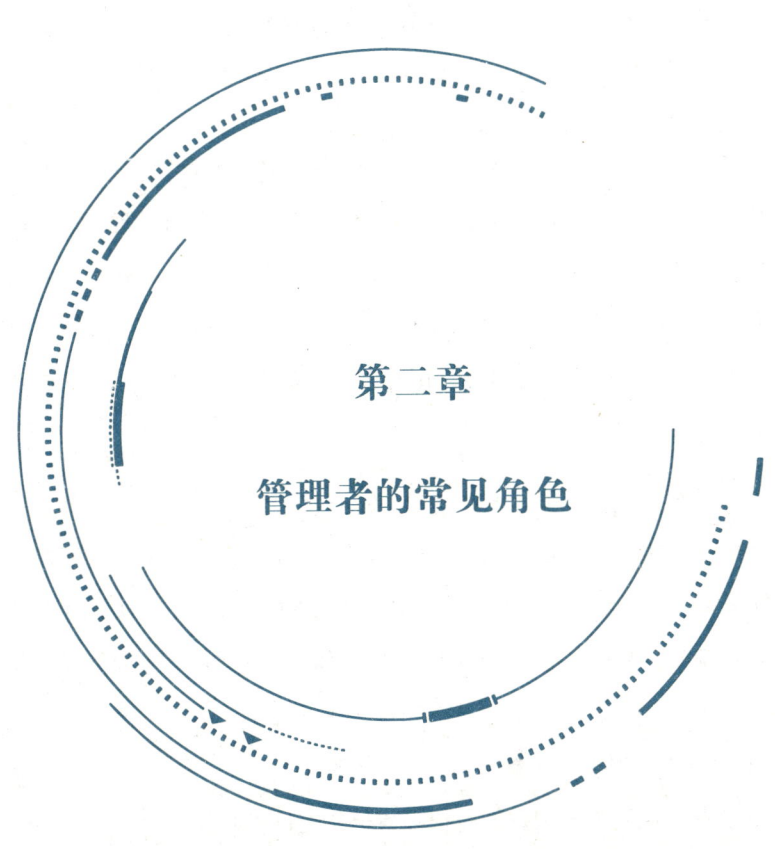

第二章

管理者的常见角色

01　角色一：决策者

在第一章中，我们用大量的篇幅讲述了决策力是管理者（领导者）的核心能力之一，拥有决策力，能够雷厉风行做决策，才能胜任管理者的角色和岗位。因此，管理者的重要角色之一就是决策者。那么，什么才是决策者呢？简单来说，就是能够雷厉风行做决策的个体。决策者有个人决策者和群体决策者两种，个人决策者就是本章中将要介绍的"决策者"，群体决策者的典型代表则是企业董事会。决策者需要具备哪些能力呢？

一、洞察力

作为决策者，一定要具备洞察力。洞察力是透过现象看本质的能力。如果一个人不具备这种能力，也就无法看清事情的本质，无法为"决策"提供有效的支持和帮助。洞察力是决策者的一种特定能力，这种能力主要体现在以下三方面：

（1）能够抓住问题关键。

引发某个问题的原因可能有很多，但是在这些原因当中，总有一个"最关键"的原因，即关键原因。比如，有一支豪门足球俱乐部，原本成绩很出色，但是近期成绩却非常低迷。分析原因，可能有以下几点：伤病；战术安排不当；更衣室内讧以及长期征战引起的疲劳。在这些原因当中，最关键的是伤病。对于决策者而言，能够抓住问题的关键，才能解决问题。

（2）能够深入分析问题。

解决问题，不仅要抓住问题的关键，更要深入分析问题。我们还是以豪门足球俱乐部为例，俱乐部管理者一定要深入分析球员伤病多、教练员战术问题、更衣室问题以及疲劳问题，将这些问题分析透彻，才能逐一进行解决。

（3）能够全面看问题。

通常情况下，在某个事件的背后会有许多问题，我们仍然以豪门足球俱乐部为例，俱乐部管理者应该进一步找到更多影响"俱乐部成绩不理想"的原因，如导致大面积伤病的原因可能包括训练问题、运动员疲劳损伤、运动医疗水平落后等。只有全面看问题、分析问题，才能完美解决问题。

二、表达能力

对于一名管理者而言，做决策时还要将决策的观点和论据一并呈现出来，这就需要管理者（决策者）拥有一定的表达能力。这也是为什么近年来许多企业管理者都在练习演讲能力，进而提升自己的表达能力。另外，优秀的表达能力还能帮助管理者提升个人魅力。由此可见，表达能力对一名决策者而言非常重要。

三、处理能力

处理能力是一种综合能力的体现，尤其当引发事件的信息较少时，决策者能够通过较少的信息找到引发事件的源头信息，并且通过较少的"资源"去解决问题，完成决策。

四、方案形成能力

做决策，就是提供决策方案。如果一名管理者不懂得如何做决策方案，也就无法进行决策。管理者做决策方案，还需要掌握做决策方案的方法，主要有以下三种方法：

（1）主要目标法。

这种方法又叫约束法，选定一个管理目标作为优化目标，而其他目标则成为"约束条件"。

（2）可行性分析法。

该方法广泛运用于企业组织的项目决策，通过多角度对问题进行分析，并对决策目标进行辩证。

（3）决策树形法。

这是一种借助"树状图形"进行分析与决策的方法，管理者需要画出决策树图形。

除了以上三种方法，常见的方法还包括效用分析法、不可行性分析法等，因为篇幅有限，我们不再赘述。

五、资源调动能力

做决策时，需要调用多种资源，尤其在决策前的项目考察环节，更加需要管理者调动各种资源完成整个决策过程。资源调动能力也是管理者的一项核心能力，不具备资源调动能力，也就无法完成管理工作。曾经有人问过这样一个问题："作为管理者，资源还是资源调动能力更重要？"有人是这样回答的："有些资源就在那里，但是没有使用，这些资源就无法变成一种能力或者工具；有些资源并不是现有的，但是却依旧可以将它调动过来进行使用。"拥有了资源调动能力，管理者也就拥有了"猴子搬救兵"的能力，能够做到"兵来将挡，水来土掩"。

六、方案实施能力

决策方案完成之后，就需要实施决策方案，这种实施决策方案的能力就是执行力。什么是执行力呢？百度百科是这样说的："执行力，指的是贯彻战略意图，完成预定目标的操作能力。是把企业战略及规划转化成为效益、成果的关键。执行力包含完成任务的意愿、完成任务的能力以及完成任务的程度。执行力，对团队而言就是战斗力；对企业而言就是经营能力。而衡量执行力的标准，对个人而言是按时、按质、按量完成自己的工作任务；对企业而言就是在预定的时间内完成企业的战略目标。"

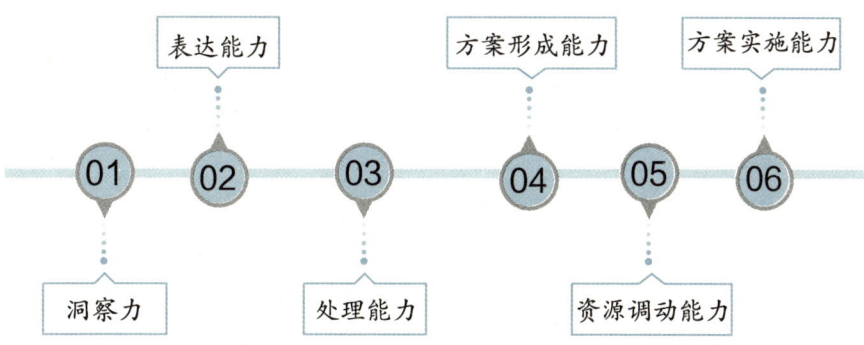

图 2-1　决策者应具备的能力

如果一名管理者想要胜任决策者的角色，就需要具备以上所说的洞察力、表达能力、处理能力、方案形成能力、资源调动能力以及方案实施能力这六种能力。

02　角色二：执行人

一名优秀的管理者，绝不是高高在上、发号施令的那个人，而是一个高效的执行人。管理者的"管理"如何才能体现出价值？这需要不停的工作以及不间断的执行。有一位企业家，从基层起步，一步一步做到管理者、领导者的岗位，他每天都去基层走一走、看一看，很好地起到了"示范"作用。

在前面的章节中，我们简单讲述了"执行人"这个角色。执行人就是在工作中具体实施的人。当然，作为一名管理者，执行主要指的是管理层面、领导层面的"执行"，而非亲自做具体的某一件事。换言之，管理者是企业中计划和目标的"执行者",是企业梦想的实践者。企业发展,离不开管理者的工作实践。海尔集团董事长张瑞敏说过一句话:"'日事日毕,日清日高'的OEC管理模式,其含义是全方位地对每个人每一天所做的每件事情进行控制和清理,做到'日事日毕,日清日高',每天的工作每天完成,而且每天的工作质量都可以提高一点(1%)。"张瑞敏的这段话也是对他日常工作的总结,即日事日毕,解决基础管理问题;日清日高,解决速度问题。

管理就像"吃饭",需要一口一口地吃。"吃饭"是一个过程,如果执行不利,企业就会"闹饥荒"。管理还需要有一定的"力度"。企业是"人"的企业,许多人在一起工作,难免会发生各种各样的问题。比如,有一些岗位是利益敏感型岗位,就有可能出现"腐败"问题。如果管理者"管理"和"监督"不到位,"腐败"就极有可能击倒一个企业。还有一些企业存在"人事矛盾"问题:有些员工出工不出力;有些员工之间存在矛盾,这些都有可能导致企业运转效率下滑。这时,就需要管理者这个"执行人"借助不同的管理工具解决这些问题。有时候,管理者还是一名消防员,参与企业内部的各种"灭火"工作。

张瑞敏还有一句企业管理名言,这句话也同样适用其他企业管理者。他认为:"求才、识才、容才、用才、培才、育才、护才以及将才这'八才'对企业的发展至关重要。企业必须关心人、理解人、尊重人、爱护人,即把人当作'人'而非'非人'。"管理者需要解决"八才"的问题。企业缺乏人才怎么办?那就寻找人才!为了求才,许多企业管理者亲自招募人才,甚至不惜重金挖掘人才。众所周知,人才是"第一生产力",一个没有人才的企业,将无法走向成功。但是,"识才"也同样非常重要。如果一名管理者不懂得"识才",也就无法从众多应聘者中找到最优秀、最具才华的人才。当然,管理者更要懂得使用人才。许多人才都有一点儿"小脾气",如果管理者无法容忍,甚至将之踢出门外,也许会错过真正有才华的人才。管理者还要懂得培育人才,人才并不是天生的,而是后天培养起来的。有句话是这样说的:"参天大树不是一天长成的。"管理者要亲自参与"育才"的环节中,而不是将这项工作完全扔给人力系统,或者借助"人才培训体系"解决育才问题。许多知名的企业家都曾经亲自为员工进行培训,将自己毕生所学传授给员工。从某个角度看,企业管理者是老师,也是技术教练,技术教练的"角色"我们将在后面的章节中详细讲解。管理者既要培养人才,还要教育人才,更要爱护人才。有这样一位企业家,在得知有一名员工家庭遭遇困难时,不仅亲自去探望员工,而且还送上慰问金,用实际行动感动了这名员工。这名员工会做出怎样的回报呢?当他解决了家庭问题之后,工作更加努力了,并且多次贡献出科技创新专利,为企业带来了巨大的回报。当人才得到来自企业的关心与爱护就会用实际行动来回报企业。此外,管理者还要懂得"将才",带领一群人才在竞争激烈的商业市场中"打出一片天地"。就像著名企业家牛根生所说:"我觉得自己没缺过人才,我认为使用是对人才最大的培养。比如,当需要三个人完成一项工作时,就算这三个人都是'矮子',也能从中选拔出一位'将军'来。像足球教练米卢,他从不涉足联赛的甲级球队,而是选择乙级球队甚至丙级球队,带领他们升入甲级联赛或者乙级联赛,这才是好教练!"

作为执行人,管理者的工作非常多,甚至需要事事精、事事细,把管理中的所有工作都落实到位,这样才能做好管理工作。

03 角色三:激励大师

许多优秀的管理者擅长对员工进行激励。很多企业在召开年终总结会的时候,都会对员工进行一番慷慨激昂的激励。这种激励,就是一种"精神激励"。阿里巴巴集团董事长马云是一个非常擅长"激励员工"的人,他有过这样一番话："作为老板，应该经常问自己这样一个问题：'这名员工有前景吗？'如果五年以后他能取得一定的成就，那么我应该买下他接下来的五年。阿里巴巴有些员工工资很高但没有股权，有些员工工资很低但占有份额很高的股权，这是因为阿里巴巴看好后者接下来的五年，所以会用股权这种方式去激励员工。"马云的这种激励方法，是一种集工资、奖金、股权于一体的激励法，这种方法非常奏效，阿里巴巴也因此收获了无数优秀的员工。激励的方法有很多种，不同的企业有不同的做法。

著名企业家史玉柱有过这样一番感慨："公司发展，是指公司整体向上走还是向下走。如果向上走，现在工资低一些，员工也能接受，后期机会可能会变多。但如果公司是走下坡路，即使满足了前两个需求，员工还是会考虑能不能找到更好的公司。所以，企业要时刻用发展前景来激励员工。"什么是发展前景？发展前景就是企业未来发展的方向以及企业前进、创新的能力。一家走下坡路的企业是无法吸引到优秀人才的，即使招募来了人才，最终这些人才也会选择离开。只有蒸蒸日上、拥有创新能力的企业，对人才才会有吸引力。如果企业想要激励并留下最优秀的员工，就需要让企业更具有竞争力，让员工看到企业的前景以及未来的发展状况。如果一家企业的老板告诉自己的员工："我们的企业拥有多项技术专利，并且能够在未来五年内上市，而你们每一位员工都有可能成为企业的股东，届时，手里的股份就会翻倍。"即使是这样简单、普通的几句话，对员工也极具吸引力，同时还能够产生巨大的激励作用。

物质激励是一种非常直接的方式，虽然有些企业家采取直接"撒钱"的方式让人觉得有些过于简单直接，但是这种激励法却是非常奏效的。员工工作的目的是什么呢？除了实现自己的理想和价值外，也是为了获取经济上的提升。老板给员工更多奖金激励，就能激发员工奉献出更多的力量。中国著名的足球俱乐部、曾经的甲级联赛"八冠王"大连万达足球俱乐部就是这样做的。万达集团董事长经常带着一皮箱现金坐在观众席上看球，以此激励球员。只要大家在球场上努力拼搏赢得胜利，这些现金就是对大家的奖励。这是一种简单而且直接的激励方式，能够快速调动球员的斗志，让他们想尽办法赢得比赛获得老板的物质奖励。

当然，奖金激励并不是"一劳永逸"的事情，它无法代替管理。GHR编辑部曾撰写过一篇名为《任正非激励员工：要么痛快，要么痛！》的文章，文章中写道："衡量员工绩效的标准只有一个：要么痛快，要么痛。也就是说，奖金发下去之后，如果绩效好的员工能痛快地跳起来，而绩效不好的员工会感到心痛，那就说明这次奖金发对了。绩效好的员工，拿到的奖金如果超出了自己的预期，他们会认为：'公司待我不薄，我要再接再厉！'绩效不好的员工，拿到的奖金远低于自己的预期，他们会告诉自己：'再不加把劲，我就要卷铺盖走人了。'如果所有人拿到奖金后，都认为虽然不算好，但也不算差，那么你的企业就很危险了！"奖金式的激励法也要讲方式方法，否则也会适得其反。

除了物质激励法外，还有精神激励法。全优绩效公众号发表过一篇名为《华为的员工激励机制：文化激励、物质激励、精神激励》的文章，提到了华为的精神激励法，文章中写道："华为非常注重奖励对员工的激励作用，公司甚至为此专门成立了一个荣誉部门，来专门负责对员工的考核与评奖。无论员工在工作的哪一方面取得进步，都可以得到荣誉部门给予的奖励。华为的荣誉奖涉及的方面与人员既广又多，许多员工在毫不知情的情况下被荣誉部门告知由于自己的进步或者特殊贡献而得到了公司的某种奖励。此外，如果员工获得了荣誉奖，那么一定少不了相应的物质奖励。通过精神与物质相结合的奖励，一方面使员工感受到公司对其努力成果的肯定；另一方面能够激发员工的工作动力，使其向更高的台阶迈进。"华为的这种精神结合物质的激励方法不得不说非常奏效，能够充分激发员工的工作热情，使其更努力地工作，为公司创造更多的价值。

华为总裁任正非是一名不折不扣的激励大师。如果一名企业管理者，同时还是一名激励大师，就能激励自己的员工更加拼命地工作，为企业创造效益。

图 2-2　激励的方法

04　角色四：监督员

一名成功的管理者同时也是一名优秀的监督员，他能时时刻刻监督自己与员工的行为。如果企业中缺乏监督，就会引发管理"灾难"。有人说："为什么不能依靠员工的自觉性呢？无为而治不是更好吗？"首先，我们要清楚，什么是无为而治。无为而治源于《道德经》，百度百科给出这样的解释："无为而治本意并不是不为，而是不过多的干预、充分发挥自我能动性，适于统治者。而儒家思想的核心是道德规范，倾向于不妄为，适于每一个人。二者有相同点也有不同点，这一点值得注意。"许多人误以为无为而治是什么也不做。其实，无为而治只是体现了管理上的"大事有所作为，小事有所不为"。对于一名企业管理者而言，抓大放小是一种智慧。但是监督工作并不是一件小事，而是一件大事。

有一位企业家名叫徐松，管理着一家2000人的企业。这家企业最初只有二十多人，年销售额不足200万元，而如今年收入已经超过50亿元。徐松说道："如果企业没有严格的管理，也就无法生存壮大。"徐松是一名非常优秀的企业管理者，除了做决策、为企业指引方向之外，他每天都会抽出一个小时的时间去各个车间走一走、看一看。他去车间的目的有三个：

第一，现场监督。只要他出现在车间里，车间里的工作人员就会更加积极地工作。因此，管理者的现场监督工作非常有必要。

第二，寻找问题。对于一家企业而言，生产是决定企业发展的关键。徐松特别关心生产，从原料到产品，他几乎熟悉每一个环节和每一个生产流程。在巡视车间的过程中，他经常能够发现新的问题，并因此建立了一个问题解决小组去解决这些问题。虽然寻找问题并不完全属于企业监督环节中的工作，但也是监督环节工作中的一部分。

第三，了解情况。徐松每天都会与车间主任进行沟通，了解车间的生产情况，并且还会在车间监控室查看监控，用这种方式进一步加强监督工作。

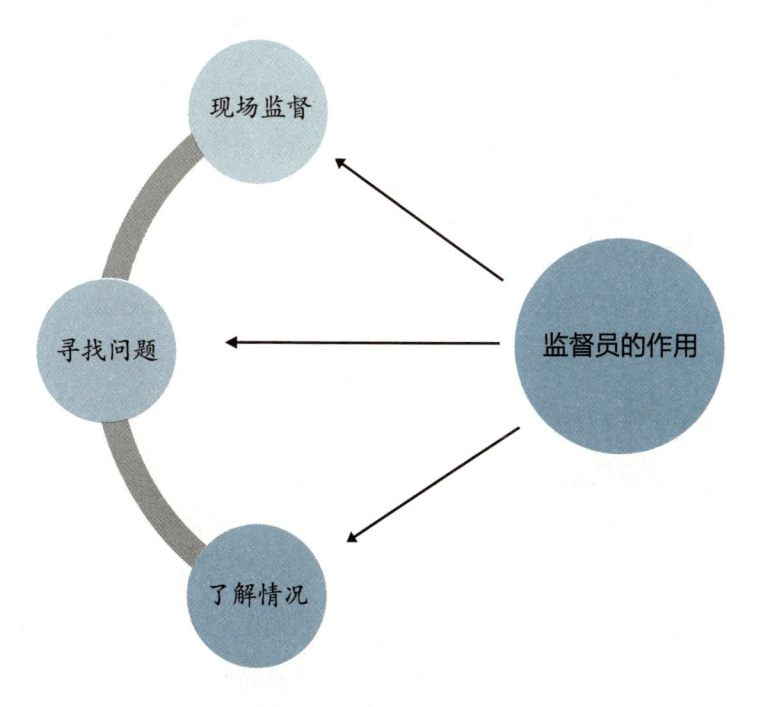

图 2-3　监督员的作用

徐松不仅关心生产，也关心企业市场经营等环节中的工作。他每周都会召开经营部门周会，查看表格、听取汇报工作。如果发现员工工作中出现了错误，就会及时给予提醒和纠正。与此同时，徐松还建立了一个监督部门，监督部门的成员每天都会将信息汇总后发送给徐松。有人问："如果一名管理者把大多数精力放在'监督'上，他是否还有精力从事更重要的企业管理工作呢？"徐松认为："监督是管理工作中的重要一环，监督可以培养员工的职业道德感，让他们能够进行自我约束。"许多企业都有专门的监督机构，监督机构通常由企业的董事长或者总经理亲自挂帅。

华为是一家世界级的企业，也是中国最知名的企业之一。华为在管理方面有两点值得称道：第一，强大的人才储备以及研发能力；第二，铁一般的管理纪律。说到"监督"二字，任正非曾经说过这样一段话："华为建立起这支监管队伍很不容易。一个组织必须要有铁的纪律，没有铁的纪律就没有持续发展的力量。华为最优秀的一点，就是将17万名员工团结在一起，形成了这股力量。公司发展这么快，腐败这么少，得益于我们在管理和控制领域做出的努力。虽然我们仍然可以发现公司存在这样或那样的问题，但相比公司的业务发展，相比我们的组织规模而言，这些问题已经很少了，而且处于明显下降的趋势。这得益于监管队伍的功劳。我个人建议在内控、内审、稽查、CEC、法务、信息安全、子公司董事等监督岗位工作的所有员工，只要具备三年以上的监管岗位工作经历，就应该给他们每人发一枚奖章，奖牌刻上'英雄万岁'这四个字。不仅是在座的各位，一线监管岗位的员工比任何岗位都辛苦，有好事也不能漏掉他们。"管理者加强企业管理监督力度，就会减少企业管理漏洞的产生，夯实管理，有效杜绝各种问题的出现。

当然，监督也要讲科学、讲方式方法。正如任正非在提到华为监督管理中所说："内控推行SACA这些制度，慢慢让我们这些'农民'与国际接轨，但是不能放松，还是要不断加强学习。在金融的内控上，我们引进了英国的专家，后来又在美国、日本建立金融风险控制中心，让公司在经济大浪潮中的风险变小。"从某个角度来看，深谙监督智慧的任正非还是一名监督员，他亲自参与监督，并且联手各部门、各级管理者建立联合监督部门，为华为的发展做出了巨大的贡献。因此，监督不仅很重要，而且是企业管理者必须要做的一件事情。

05　角色五：保姆

一名优秀的管理者，同时也是一名能够照顾企业和员工的"保姆"。其实，保姆的工作特点也具备了一些管理者需要具备的"特点"，这体现在以下四方面：

第一，保姆是勤劳的。

保姆之所以能胜任这个角色，是因为自身能吃苦耐劳。对于保姆而言，他要照顾一个家庭，所以必须要比其他家庭成员更早起床、采买、做早饭，还要照顾家庭成员用餐。接着，等所有家庭成员都出门，他还要打扫卫生、做家务。所有的工作完成之后，才可以休息。如果保姆什么也不做，而是等着其他家庭成员为自己提供服务，这样的保姆就不是保姆，更像是一家之主。有人好奇地问："企业管理者不就是一家之主吗？为什么还要充当保姆的角色呢？这不是很矛盾吗？"管理是一项复杂的工作，即使是一家之主，也要承担一部分"保姆"的工作，比如为子女准备早餐、打扫卫生，甚至完全担负起家庭成员的衣食住行。所以，企业管理者为员工提供"保姆式服务"并不矛盾，这种"管理方式"也会让员工快速成长。当然，要明确的是，保姆式服务是一种管理方式，而绝不是溺爱员工的方式。每一家企业都有自己的法规和制度，而法规和制度就是用来对员工的行为进行约束。

第二，保姆是细心的。

只有细心的保姆才能照顾好一个家庭的饮食起居，而那些粗心的保姆则无法为一个家庭带来妥帖的照顾。李阿姨是一位保姆，她每次送孩子上学之前，都会仔细检查他的书包，确认水带了吗，书本带了吗，铅笔削好了吗，等等。这些事情都很琐碎，但是需要一一进行确认。除此之外，李阿姨在给孩子做营养餐时也非常用心，食材会多清洗几遍，还会考虑荤素比例是否科学合理，等等。正因为如此，李阿姨在从事保姆的十多年间，几乎每一个聘用过她的家庭，都会把她当成自己的亲人。像保姆一样，管理者也必须做到细心，粗心大意的管理者是无法管理好企业的。企业的管理成败与管理细节息息相关，一个能够夯实细节、注重细节的管理者才能做好企业的保姆工作，并且为企业员工营造更好的工作环境。

第三，保姆是温暖的。

通常来说，受欢迎的保姆都具有"保姆式"的特点：温暖、和蔼、包容、心态平和。其实这些"特点"也是一名优秀家长的标志，同时还是一名优秀领导者的标志。对待员工和蔼可亲，心态平和，才能用"和平、包容"的方式解决问题。员工也会走进管理者，让管理者感受到来自基层的"温暖"，保姆并不是仅仅提供"保障性"工作，其自身形象也非常重要。如果一个家庭聘请的保姆脾气暴躁、粗心大意，试问哪一名家庭成员能够放心？

图 2-4　保姆的特点

当然，也有很多人不同意这些看法。保姆与管理者并不能直接画等号，保姆仅仅只是管理者工作中的一个角色之一。企鹅号"带团队"刊发了一篇名为《老板，请不要再做员工的保姆了》的文章，文章中写道："有很多管理者喜欢展示自己的能力，去帮助员工解决所有的难题，这让他们无法独立思考，也无法获得锻炼的机会，长此以往，后果不堪设想。领导者管理员工的核心要点是什么呢？管理者的角色是'造钟'而不是'报时'。我们来举例说明。如果有人问现在几点了，大多数人都会看看表再告诉他准确的时间，这就叫作报时。那么，什么叫作造钟呢？如果有人问现在几点了，你可以告诉他，如果想知道时间，有几个办法：其一，买一块手表或者一个钟表自己来看时间；其二，制作一个沙漏；其三，根据天空中太阳的位置推测时间，等等。"大包大揽的管理者绝不是一名优秀的管理者，优秀的管理者只能在"特殊时期"或者某个特定范围内充当"保姆"。过于大包大揽只能让员工产生"依赖感"，并逐渐失去独当一面的能力，进而给企业发展带来不利的因素；过分保护员工的管理者也不是一名优秀的管理者，过分保护员工，会让员工与社会脱节而逐渐丧失市场竞争力，一家没有竞争力的企业，无法取得长远的发展。

管理者的"保姆"角色只适用于某些层面或某个时期，绝不能直接充当员工和企业的保姆，大包大揽、全权代理。这样做，不仅会消耗尽自己的精力，而且无法起到良好的管理效果。对于管理者而言，勤快、注重细节、适当承担一部分"保姆"角色即可。

06　角色六：技术教练

什么是教练？国际教练联盟给出的定义是这样的："专业教练，作为一名长期与客户合作的伙伴，旨在帮助客户在生活和事业上都能够取得成就。教练帮助他们提高生活质量，提升个人表现。教练经过专业的训练，能够聆听、观察，并按照客户个人的需求而定制培训方式。他们激发客户自身寻求解决办法和对策的能力，因为他们相信客户生来就富于创意与智慧。教练的职责是提供支持，帮助客户增强他们已有的技能、资源以及创造力。"如今，许多足球教练都是身兼"足球职业经理"与"足球教练"于一职的职业足球经理人，他们既参与与足球比赛相关的训练、执教等活动，而且还参与足球俱乐部的建设和管理。企业管理者也是一名职业经理人，他需要帮助员工提升个人表现，进而提升工作技能，这是他必须要做的工作。换言之，管理者如同一个技术教练，既要提供技术支持，还要能够激发员工的创意与智慧。

如今，有一项比较火爆的职业技能——企业教练技术。企业教练技术风靡世界，许多企业家、管理者都主动去学习这项技能。一方面可以提升自己的个人技术能力（包括调整心态的能力）；另一方面提升自己的管理能力，尤其是打造团队方面的能力。美国网球教练添·高维写过一本书，名为《网球的内在诀窍》，这本网球教练书籍曾经被西方众多学者、管理者奉为管理圣经。总而言之，作为企业管理者，需要做好三项工作。

第一，把自己管理好。

第二，把员工管理好。

第三，把企业管理好。

在本章节中，我们将重点讲述管理者应该如何管理好自己的员工，让员工能够快速成长、在自己的岗位上发挥出应有的作用，最终能够独当一面，为企业创造价值。管理者的"技术教练"工作主要体现在以下几方面：

一、赋予技术

既然是技术教练，就要赋予对方新技术。如今，许多企业都设有"技能培训"的工作岗位，这些工作或多或少都直接交给专家团队进行。也有一些企业直接由管理者参与。有一家软件公司，企业创始人同时也是一名行业内的知名技术专家，他亲自组建培训班、撰写教材，对进入企业的新员工进行相关的技术培训。有人问："企业招聘，不是对口招聘吗？"是的，但是"对口招聘"并不能完全满足企业的需求，企业在发展，产品在更新，员工的"技能"也要不断地更新。因此，这家软件公司的老板亲力亲为，为员工制订培训内容，亲自参与培训，手把手地将技术教给员工。

赋予员工技术，是管理者的一项重要工作。当然还有人会问："许多管理者只懂得如何管理企业，并不懂得相关的'专业技术'，这样的话，应该怎么办呢？"正如添·高维在《网球的内在诀窍》一书中描述的："在潜意识中，想努力做到最好的那一部分，与紧张、怀疑自己、责怪自己和注意力分散的那一部分一直都在竞赛。后者使运动员无法集中精力做到最好，即使他拥有做到最好的能力。"这段话的意思是，教练员的另一项本领是让运动员更加自信，放松下来，让身心拥有更好的状态，继而释放出所有的"潜能"，取得好成绩。

二、制订目标

许多企业员工并没有为自己制订目标，甚至也不了解企业的目标。管理者需要让员工了解这些目标，甚至还要帮助员工制订目标。对于管理者而言，他需要像技术教练那样做好下面的这些事情：

（1）需要了解哪些（具体的）事情？

（2）希望能够落实哪些结果？

（3）如何协商或者让对方接受既定的目标？

（4）目标能否实现？应该如何实现？

（5）如何实现对过程的控制？

总之，管理者帮助员工制订目标，要求员工按照目标设定的方向工作，是一件非常重要的事情。

三、做好沟通

什么是管理的"核心"？有这样一句话："管理就是沟通、沟通、再沟通。"管理离不开沟通，管理者与员工也需要沟通。管理大师德鲁克曾经说过这样一句话："一个人必须知道该说什么、什么时候说、对谁说、怎么说。"做好沟通工作，才能胜任教练和管理者一职。

四、激励对方

在本章前面的小节中，我们提到了激励大师的角色，技术教练也有一门重要的功课，那就是激励自己的员工。教练的激励方法主要包括精神激励法，鼓励自己的员工，让员工相信自己、释放自己。就像许多足球教练在赛场边鼓励球员一样，球员们听到了这些话，就会鼓足干劲更加投入比赛。

著名足球教练里皮有这样一句话："我希望所有的球员入选国家队之后都能够抱着极大的自豪感和荣誉感，如果做不到就不要将他们选入国家队，所有的球员进入国家队之后都必须全力以赴。"这是足球教练的话，也是一名足球管理者的话。让员工拥有技术和荣誉感，是企业管理者必须要做的事情。

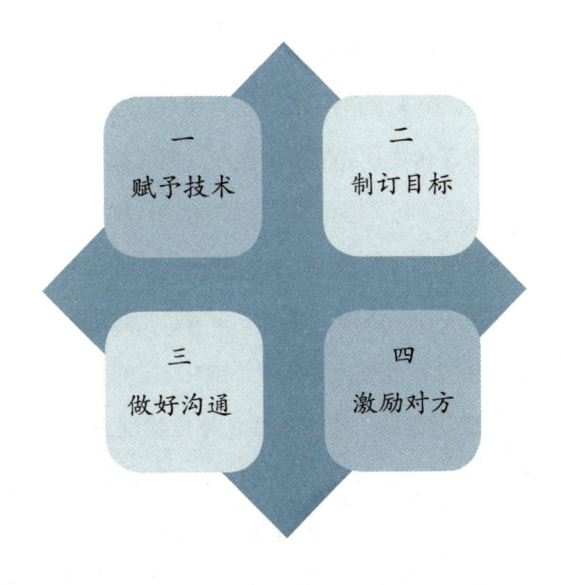

```
        一              二
     赋予技术         制订目标

        三              四
     做好沟通         激励对方
```

图 2-5　管理者的"技术教练"工作

07　角色七：问题专家

管理者的一项重要工作就是解决各种"管理问题"。换言之，管理者也担负着"问题专家"的角色。管理大师德鲁克说过这样一句话："没有'尽善尽美'的战略决策。人们总要付出代价。对相互矛盾的目标、相互矛盾的观点及相互矛盾的重点，人们都要进行平衡。最佳的战略决策只能是近似合理的，而且总是带有风险的。"管理是一项复杂的工作，在我们的日常管理中心，几乎每天都会有问题产生。如果管理者无法解决这些问题，管理就会变得越来越困难。管理者就像一名出色的医生，必须要稳准狠地下刀，解决病人的问题。管理者就像一个矛盾症结的化解者，从复杂的问题环境中找出化解矛盾的办法。

因此，管理者必须能够胜任"问题专家"这个角色。

中国著名企业东风汽车厂的副厂长李汇勇曾经在会议中对参会的管理者和员工这样说道："七步工作法是我们解决现场问题时最普遍有效的方法，全体员工都应该掌握这个方法。每天参加工厂、车间QRQC会议的人员，要快速响应，及时解决现场的问题，使用各种工具，找出直接原因和根本原因，进行改善；问题发生后，必须要到一线去，通过作业观察把握现物、现场和现实。因此参会人员必须要有相应的资质，要掌握标准化、QC工具等最基本的技能。要在实际工作中正确使用七步工作法，要让每位管理者成为七步工作法的专家。"高层管理者向员工传授工作法，而这样的工作法就是用来解决问题的。对于高层管理者而言，在传授该方法的时候，自己先要做到能够熟练运用该方法。七步工作法是常见的问题解决办法，接下来我们将向广大读者朋友介绍该工作方法的具体内容。

七步工作法也叫作麦肯锡工作法，许多企业高层管理者都在学习并使用该方法，并用来解决企业中的管理难题。

一、陈述问题

当管理者需要解决某个问题的时候，需要全面了解这个问题，通过"复述"的方式找到需要解决的问题以及问题的"边界"。陈述问题环节时还有四个关键点：

（1）问题边界是否明晰，问题主次是否划分清楚；

（2）想要把问题解决到怎样的层面；

（3）决策层的其他管理者持怎样的意见，是否支持；

（4）执行层是否了解该问题。

二、分解问题

管理中的难题可能是由无数个问题累积而成，需要将管理难题中的诸多问题一一梳理出来，主次问题都要分清楚。分解问题需要管理者掌握逻辑树或者鱼骨图，借助问题分析工具去分析、分解问题。

三、剔除不必要的问题

每个管理难题中，有主要问题，也有次要问题，甚至还有无关紧要的问题。这时，就需要管理者将问题中"无关紧要"的问题剔除出去，将其他几个问题按照主次顺序排列好，确定哪些问题是关键问题，哪些问题是核心问题，哪些问题是次要但需要解决的问题，哪些问题需要尽快解决，哪些问题可以适当延缓处理等。

四、制订问题解决计划

确定主次问题之后，并不能立刻解决问题，还需要管理者制订问题解决方案和计划，并需要做到以下三步：

（1）第一时间制订计划，不要拖延；

（2）需要根据计划实施的实际情况不断调整解决方案，直到解决问题；

（3）将计划中的人员、工具、流程细化成"清单"。

五、数据分析

管理者首先需要将问题数据化，再进行"数据化分析"找到问题的"核心之关键点"。数据分析过程，也需要管理者做好三项工作。

（1）分析数据要大胆、果断，不能优柔寡断；

（2）复杂数据简单化处理；

（3）做好数据搜集工作，并对搜集的数据进行估算。

六、分析结论

如果说，七步工作法中的第五步是解决问题的关键，那么，第六步就是第五步的延伸部分，即进一步分析数据，以及对得到的初步结论进行进一步分析，这一步也需要管理者做好三项工作。

（1）对得到的初步结论进行反复推敲；

（2）得出的初步结论不需要太多，两三条即可；

（3）在推敲问题的过程中，还需要进行反复思考。

七、陈述问题的解决过程

有一些管理者不善表达，对于他们来说，问题解决后，那么，整个过程就算彻底结束了。这样的做法是不对的。管理者解决完问题，还需要将解决问题的整个过程陈述一遍，将经验分享给自己的团队和员工，帮助他们提升解决问题的能力。陈述问题的解决过程，也需要管理者做好三项工作：

（1）将问题的解决过程整理好，做成文档，进行演示；

（2）选择陈述方式，可以先得出结论后再叙述问题，也可以先叙述问题后再得出结论；

（3）将总结的经验萃取出来，分享给团队成员。

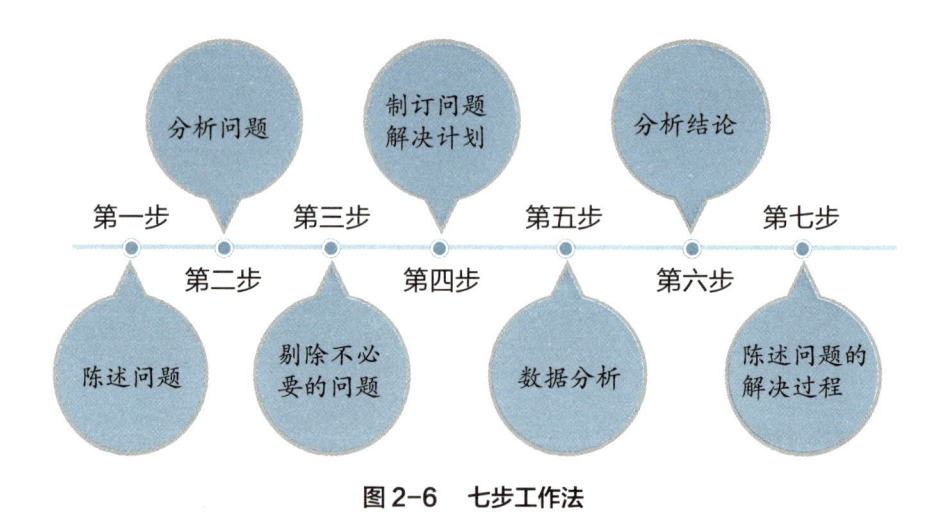

图 2-6　七步工作法

七步工作法是常见的问题解决方法，也是问题专家需要掌握的问题解决工具。除了七步工作法，还有许多问题解决法也需要管理者掌握，因篇幅问题在这里不再赘述。

08　角色八：顾问

几乎每一家大企业都有自己的专门顾问，既有外部顾问，也有内部顾问。顾问的职责是向企业管理层提供必要的管理辅助服务。顾问的类型有很多，有技术顾问，也有管理顾问。还有一些企业会返聘从企业退休的管理人员充当顾问。这些退休的管理人员对企业非常熟悉，能够持续为企业提供服务。一名优秀的管理者，同时也是一名顾问。

管理者最主要的工作就是"管理"，管理就意味着为企业赋能，为员工赋能，在帮助企业发展的同时，也能够帮助员工快速成长。管理者的管理并不是"点•线•面"，而是一个"过程"，它就像是从一个点到另外一个点，最后一定会实现某一结果。如果管理不到位，无法实现某一结果，这样的管理就是失败的。在一个复杂的"管理系统"中，管理者的一部分精力要用来充当管理者本身的角色，同时还要辅助承担其他角色，比如顾问。对于一名兼顾"顾问"角色的管理者而言，他需要做哪些工作呢？

一、确定目标

通常而言，目标是管理者与顾问之间达成一致的结果。企业想要发展，就必须要有目标，既要有长远目标，也要有短期目标。我们用一个简单的例子来进行说明。一名马拉松运动员如果想要跑完全程马拉松就需要制订一个目标和计划，比如，前10公里应该怎么跑，需要采取怎样的对策；中间20公里应该怎么跑，如何才能保存体能，而且还要确保能够后程发力；后10公里应该怎么跑，怎样才能在最终的冲刺阶段跑出好成绩？企业发展也是如此。有一家企业的顾问团队为该企业制订的目标计划，涵盖了生产、经营、管理、风险管控、监督、财务、人力、KPI等一系列的目标计划，这些目标就是企业的整体"管理目标"，企业再针对目标进行计划安排和人员配置。就像作家托尔斯泰所说："人一定要有生活目标、一生的目标、一段时期的目标、一个阶段的目标、一年的目标、一个月的目标、一个星期的目标、一天的目标、一个小时的目标、一分钟的目标。"

二、关注微观

许多管理者都是关注宏观的管理者，他们总能从大处落笔，把管理工作当成一幅"大写意水墨画"。事实上，对于企业而言，有了既定的蓝图和目标，就需要从"小处"和"局部"做文章。如何才能体现这一点呢？一名顾问，需要带给企业更多"管理细节"的信息，即关注微观。鲁迅先生有过这样一句话："一滴水，用显微镜看，也是一个大世界。"就像人们经常说到的"飞机与螺丝钉"的故事。一枚脱落或者松动的螺丝钉，极有可能导致飞机在飞行过程中出现严重的问题。因此，一名优秀的管理者在充当顾问这一角色的时候，就不能只关注宏观。"大写意水墨画"式的管理框架和管理智慧已经存在了，管理者就需要关注微观，把所有的"细节"放大，并且邀请更多有经验的人去解决那些不容易被发现的问题。另外，企业不需要"滔滔不绝"的顾问，而是务实的顾问：需要决策的时候提供决策；需要观点的时候提供观点；需要计划的时候提供计划。

三、得出结论

有时，管理者的顾问角色还需要兼顾"医生团队"的职能，他能够在问题面前描述"症状"，而不是只谈论问题。谈论问题是"问题专家"的工作，而不是顾问要做的事情。众所周知，如今有一个新职业叫作"健康顾问"。健康顾问主要做什么工作呢？如果一个人生病了，找到自己的健康顾问，健康顾问会直接根据他的身体状况给出结论。这个"结论"是一种解决问题的办法，当然也是一条建议。比如，健康顾问会建议患者服用哪些药物，外服还是内服，需要服用几天，每次的剂量是多少，什么时候可以调整剂量，等等。健康顾问还会根据患者的身体状况给出必要的建议，比如如何防寒保暖，如何才能提升肌体免疫力，等等。但是细心的朋友们应该也会发现，一名优秀的顾问只能给出结论或者办法，不会继续帮助分析问题、查找问题。关于"问题"，顾问会交给问题专家去解决。因此，管理者在充当顾问这一角色时，需要为企业、员工、老板、同事等提供结论和顾问依据，而不需要在"问题"上纠缠不清。

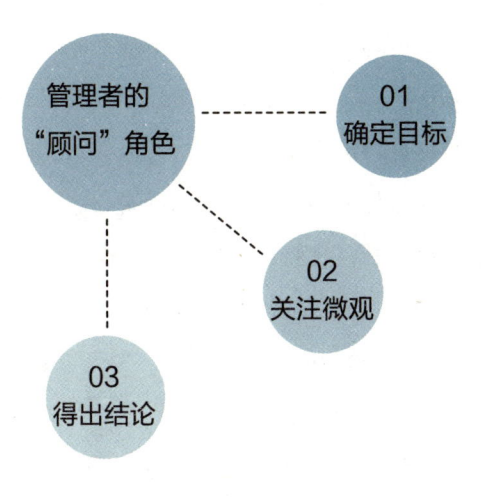

图 2-7　管理者的"顾问"角色

管理者的"顾问"角色，旨在为管理团队中的其他成员提供意见和看法，或者为执行团队中的执行人提供帮助。但是，"顾问"这一角色只占了管理者的部分"功能"，顾问的目的在于"引导"，而不是"纠正"。如果管理者能够胜任"顾问"这一角色，这将会全方位地辅助自己的管理角色，让自己的工作进展得更加顺利。

09　角色九：合作伙伴

有员工会这样说："我只是一个打工仔，给老板打工。"有一些老板会这样说："我才是真正的打工仔，我所做的一切，都是为了员工。"还有一些人会这样说："员工和老板之间的关系并不是上下级关系，而是一种纯粹意义上的'雇用'关系。"更有这样的言论："打工的目的就是为了赚钱，开公司的目的也是为了赚钱。因此，老板与员工的关系是一种'利益关系'。"许多企业的员工仍然有"打工者的心态"。所谓"打工者的心态"，就是企业给我薪酬，我就做多少工作；企业不给我薪酬，我就不工作。有一些老板认为："公司是我的，我说了算。工作是我提供的，你要听从我的指令。工资是我发给你的，你要感恩。"无论如何，这些想法和观点都是有偏颇的。

当今时代是一个重视"人性"的时代，无论是员工还是老板，都要重新树立新的观念，即老板与员工的关系是一种合作关系，而非雇佣关系。老板开办企业是为了盈利，员工工作是为了薪酬，这样就有了"利益交叉点"。除了盈利之外，老板开办企业还会产生社会效应，并实现自己的社会价值，员工也是如此。因此，企业老板与员工是一种全方位的"合作关系"，企业老板不应该仅仅将自己定位为"老板"，而应当是"合作伙伴"。众所周知，阿里巴巴实行"合伙人制度"。"师门教育社群平台"创始人刘宣德在一篇名为《从阿里巴巴的合伙人制度看马云的管理智慧》中说道："合伙人身份不等同于股东，阿里巴巴合伙人的自身年龄以及在阿里巴巴集团工作的年限相加总和等于或超过60年，即可申请退休并继续担任阿里巴巴的荣誉合伙人，这与只要持有公司股份就能保持股东身份不同。陆兆禧47岁就退休了，如果单纯按照时间计算张勇即使接手马云的职位，三年之内也会退休，更像一位过渡型领导。在30名合伙人中，除了马云和蔡崇信是永世合伙人之外，其他合伙人都会自然流动。合伙人制度，实现了一定程度上的集体领导，有利于公司内部的激励和对主动性激发，相对于把公司投票权集中在某几位创始股东手中的双层股权结构，有一定的积极意义。一定程度上在企业内部实现了相对的'民主制'进化。从今天的实际状况来看，这也许是一个最好的选择。"或许阿里巴巴的"合伙人制度"还有改良之处，而这则需要时代的验证。但是无论如何，企业管理者已经具有了"合伙人"的身份，只有与员工"合作"，才能形成凝聚力。

　　什么是合作伙伴？我们先要明确合作伙伴的定义。合作伙伴就是通过"合作"的方式，为企业带来资源、技术、经验，以此推动企业的技术升级，并提升企业的市场竞争力。企业管理者与员工只是"岗位"不同，但是所做的工作都是为了促进企业的进一步发展。管理者的主要职责是管理，员工的主要职责是执行，管理与执行并不是两个不同的"操作面"，而是上下游的关系。只有管理没有执行，管理就会失效；只有执行没有管理，企业也会乱成一锅粥。有一位企业家对自己的员工这样说道："我不仅仅是你们的合作伙伴，我们还是一家人。在企业这个大家庭里，有时候我充当家长的角色，你们是家庭成员，甚至是我的孩子。我们所做的一切，都是为了企业这个'大家庭'。只有这个'大家庭'好了，我们大家才能都好。因此，我们要像家人一样彼此珍惜、彼此爱护、彼此分享、彼此努力。企业走到今天，离不开每一位员工的参与和帮助。大家不能把企业当成一个打工的地方，而是要把企业当成一个可以依赖的地方，可以奋斗的地方，把企业当成一个值得信任的地方。"这位企业家是这样说的，同时也是这样做的。这家企业采取的激励制度也是一种合作伙伴式的"股权激励"制度，同时，又非常重视

"人"，为员工营造了"家"的氛围，并且加强了企业文化的建设，员工对企业形成了一种很深的归属感。

有的老板抱怨："很多员工都是'白眼狼'，动不动就离职；还有一些员工胃口很大，根本无法满足他们！"难道所有的员工都是"白眼狼"吗？我想，企业管理者与员工之间本就存在着一种利益矛盾，管理者想要用最低的薪酬购买员工最真诚的心。但是，管理者扪心自问，这样的做法可行吗？想让优秀的员工留下来，就需要反思："我是否是一个可靠的、可信的老板？"如果你是吝啬的、不可靠的、不可信的老板，员工凭什么要为你工作？赚了钱立刻塞进了自己的口袋，而不是拿出一部分奖励给自己的员工，这样只会让加剧员工的流失。老板与员工的关系，应该是一种"战略合作关系"，老板雇用的不是员工的手和脚，而是员工的经验和智慧。老板尊重员工，与员工合作，舍得"给"员工，员工才会拼命工作，回馈企业和老板。

10 角色十：蓝图设计师

一名优秀的企业家，也是一位蓝图设计师。他要为企业设计蓝图，同时也要为企业员工创造梦想。有人问："什么是企业蓝图？"企业蓝图就是企业发展的框架和企业发展的规划。或者说，企业蓝图是企业管理者头脑中的"世界"，体现了企业家的哲学和立场。伟大的企业都有自己的企业蓝图。苹果公司的伟大蓝图是："让每个人都拥有一台计算机。"事实上，苹果公司做到了这一点，甚至比曾经构想的蓝图还要"伟大"。戴尔公司的蓝图是："在市场份额、股东回报和客户满意度三方面成为基于开放标准的、领先世界的计算机公司。"戴尔公司也已经实现了自己的梦想。

蓝图与梦想存在怎样的关联呢？梦想是一个人对美好事物的想象。美国前总统威尔逊说过这样一句话："我们因梦想而伟大，所有的成功者都是伟大的梦想家：在冬夜的火堆旁，在阴天的雨雾中，梦想着未来。有些人让梦想悄然绝灭；有些人则细心培育、维护，直到它安然渡过困境，迎来光明和希望。而光明和希望总是降临在那些相信梦想一定会成真的人身上。"没有梦想的人生是可怕的，没有梦想也就意味着没有未来。企业家的梦想就是创造一家伟大的企业，并且实现自己的最高价值。有了梦想，人们才能追逐梦想。梦想是"梦"吗？能够实现的梦想就不是"梦"。一位企业家要有伟大的梦想，更要有伟大的理想。理想比梦想更加"现实"，它是一个人世界观和人生观的集中表现，是一个人追求更好生活的动力源泉。蓝图是梦想与理想的具体计划和行动规划。比如，一个年轻人想要成为一名伟大的航海家，他就要先开始学习航海的技能，如游泳、船舶驾驶、绘制航海图等。等他学会并掌握各种航海技能后，还需要建造或购买一艘船，再制订出航行计划，确定航行的目的地，打算用多少天完成航行。当所有的计划和规划落实完后，年轻人就能开启自己的航行之旅了。

一名优秀的企业家，首先是一名梦想家。先要有梦想，再坚持自己的梦想。有梦想的企业家，才能设计并绘制蓝图。

一个想要绘制企业蓝图的管理者，还必须要做三件事：

第一，我们要去哪里？

正如那个想要航海出行的年轻人一样，他必须要知道自己想要去哪里。有了明确的地理坐标（目标），才有方向。如果企业管理者没有明确的目标，也就不知道要将企业带到哪里。曾经有一位企业家这样说道："我的理想就是带领企业上市，并且拥有完整的、全产业链。"有了"上市"的目标，企业家才能带领企业和员工朝着同一个方向努力、奋斗。

第二，我们未来是怎样的？

世界上没有一个人能够完全预测并描绘出自己的未来，甚至不知道是否能实现自己的梦想。但是，我们应该去尝试"描绘"，大胆想象，敢于去做这样的努力。有一位企业管理者曾经对企业有过这样的畅想："我们拥有最好的工作环境，员工收入有了大幅度提升，企业效益非常好，而且拥有非常强大的竞争力，我们还将建设一座功能完善的产业园，最后再上市。"七年之后，这家企业确实如企业管理者描述的那样：工作环境好、员工收入高、企业竞争力强、拥有强大的研发能力，并且拥有功能完善的产业园，最终成功上市。由此可见，描绘企业的未来，也是设计企业蓝图的一部分。当员工看到了这份伟大的蓝图，也会产生一种能动意识，提升工作积极性。

第三，目标是什么？

我们要去哪里，我们的未来是怎样的，目标是什么？这三个问题是递进关系。企业管理者要制订出完善的目标，才能实现蓝图。目标是具体的，百度百科给出了这样的定义："目标是对活动预期结果的主观设想，是在头脑中形成的一种主观意识形态，也是活动的预期目的，为活动指明方向。具有维系组织各个方面关系构成系统组织方向核心的作用。"目标是对企业建设活动的主观臆想，为企业发展提供了方向，甚至还能提供必要的方法。目标是"现实"的，不是"虚幻"的；是"量化"的；还具有实践性，需要通过实践才能实现。

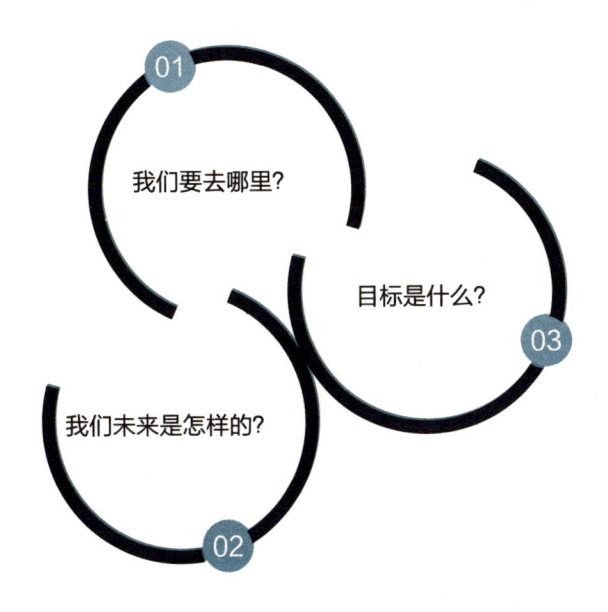

图 2-8　绘制企业蓝图的三个步骤

　　如果一名企业管理者能够设计梦想和蓝图，也就能够绘制出企业发展的框架结构，制订出企业发展的终极目标，并带领企业的全体员工朝着终极目标前进。

第三章

管理者的八项能力

01　坚定的决策力

在本书的第一章与第二章中，我们都提到了决策与决策力。决策工作是一项贯穿管理者整个职业生涯的工作，管理者几乎每天都要做决策，既有常规的任务决策，也有关乎企业命运的重要决策。就像第一章中提到的，管理者做决策要"三思"，还要雷厉风行。在做出决策时，要做许多基础工作，决不能鲁莽。但是，管理者在做决策时还要做到果断，更要坚定自己的思想和行为。换言之，管理者要有坚定的决策力，才能果断、雷厉风行地做决策。

决策力是管理者的八大能力之一。那么，什么是决策力呢？决策力也叫决策能力，百度百科给出了这样的定义："决策能力是决策者所具有的参与决策活动、进行方案选择的技能和本领。"决策力是天生的吗？人除了本能生存能力之外，其他能力都是后天习得的，这其中当然也包括决策力。决策力包含了三种能力：

一、普通决策力

每个人都具备选择普通事物的选择权，一个人饥饿时会在多种食物中选择自己喜欢的食物；参加高考的学生有权选择自己喜欢的大学和专业等。普通决策力等同于一个人的"选择权"，他可以选择A也可以选择B。

二、专业决策力

专业决策力需要一个人在具备一定的专业技术水平后，才能做出决策。一名医生经过多年的学习与实践，具备了专业实践能力和临床诊疗能力。当他接触到一名病人之后，就能快速做出决策：该病人是否有必要进行手术。还有一些技术人员发现生产设备存在隐患之后，也能够快速做出决策：维修还是继续生产等。专业决策力是建立在"专业技能"基础之上的，这就要求管理者必须是某个领域内的专家。

三、特殊决策力

什么是特殊决策力？一名管理者通常拥有其他人所不具备的能力，这种能力可能是一种综合能力，包含了创新能力、逻辑判断能力、优化能力、人际交往能力、沟通能力、现场应变能力等。当企业遭受到前所未有的严重事件时，管理者就需要做出重大决策，这种重要事态的决策需要"特殊能力"去支持。在这里需要补充一句，并不是所有的人都能成长为企业领袖或优秀企业管理者，只有少部分人才能拥有这种"特殊决策力"。

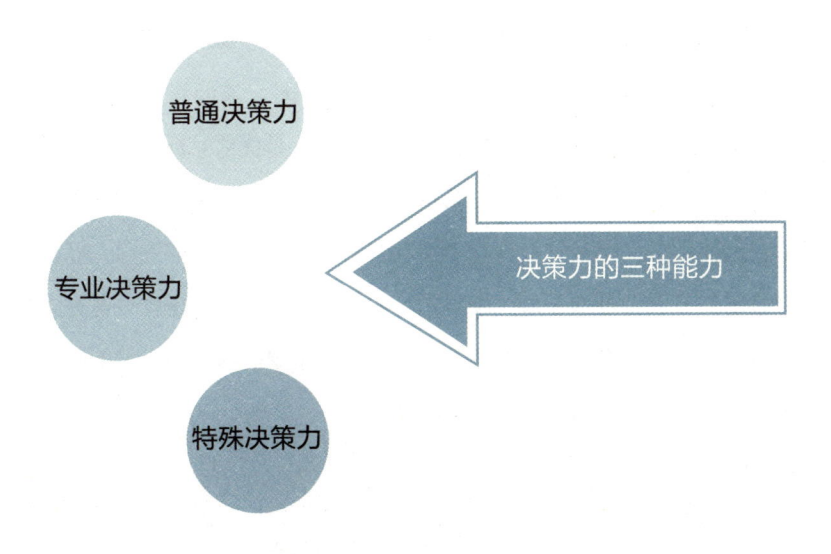

图 3-1　决策力的三种能力

既然决策能力是一种后天习得的能力，如何才能提升管理者的决策能力呢？方式方法有很多，主要有以下四种：

第一，结合实际做决策。许多人在做决策时，完全是"拍脑门"，瞬间就做出了决策。有这样一个年轻人，决定辞职去环游世界。当他辞职之后，没有了任何收入来源，自然也就无法支持他的想法。管理者在做决策时，决不能"拍脑门"就做出决策，一定要结合企业内外部环境的实际情况，再做出决策。结合实际做决策，不仅能有效减少决策的失误率，而且还能提升管理者"理想结合实践"的能力。

第二，提高认知能力。提升专业决策能力需要一名企业管理者不断提升自己的专业水平和认知能力。在我国，有许多著名的企业家都在不断学习，有的选择去海外游学，有的则报名参加企业管理培训班或者进入商学院提升自己的专业技术水平，还有一些企业家继续考取技术职称，只为提升自己在某个领域内的专业能力。一名专业技术能手，一定能在某个专业领域内做出准确判断、准确决策。自古以来，人们就强调学习的重要性。企业管理者还要不断学习，提升技术能力和认知能力，扩大自己的知识面和视野，才能有效做出决策。

第三，减少被他人干扰的可能性。有些人并不是优柔寡断，而是经常被他人的意见所左右，缺乏主见。有一名企业管理者准备做决策时，其他管理者也提出了自己的看法。但是这位管理者并没有采纳其他管理者的意见，而是坚持自己的看法。管理者可以采取"民主式"的共同决策，但是这种"民主式"的共同决策耗时耗力，决策效率低下，管理者应该减少被其他人干扰的可能性，加强自己的决策主见，消除异议，果断做出决策。

第四，保持良好的心态。一名出色的管理者，一定也拥有良好的心态。心态焦躁，就会快速做出鲁莽的决策；心态过于放松，又会感染"拖延症病毒"。总之，一名管理者一定要保持良好的心态，在自己状态最好的情况下做决策，才可能做出最正确的选择。

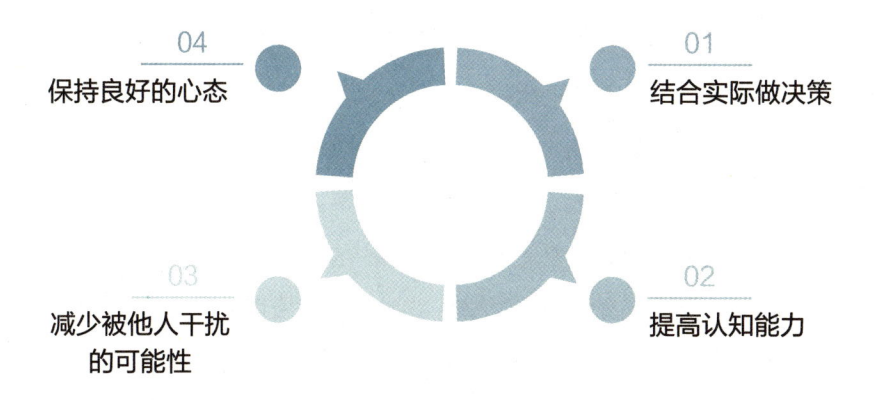

04 保持良好的心态
01 结合实际做决策
03 减少被他人干扰的可能性
02 提高认知能力

图 3-2 如何提高决策者的管理能力

联想集团总裁柳传志曾说过一句话："如果有一个项目，首先要考虑有没有人来做。如果没有人做，就要放弃，这是一个必要条件。"换句话说，选择是一种决策，放弃也是一种决策，但是决策需要管理者明确并相信自己的判断，哪些需要放弃，哪些需要保留。

02 敏锐的洞察力

一名优秀的管理者，不仅需要果断地做出决策，还要具备敏锐的洞察力。那么，什么是洞察力呢？洞察力就是深入事物内部，洞察一切、熟知一切的能力。现实中，管理存在着各种各样的"谜团"，这些"谜团"都以表象的形式存在着。许多管理者也会想办法解决问题，但却总是得不到好的效果。归根结底，是因为没有抓住问题的本质，只是解决了一些表面问题。敏锐的洞察力，就是"透过表象紧抓核心"的能力，这种能力可以帮助管理者拨开谜团，找到问题的关键。用一个形象的比喻来说明，水龙头不停地滴水，不管怎么拧紧，总是会有水滴下来。那么，最终的解决办法就是更换水龙头。

有一篇名为《人与人真正的差距在于"洞察力"》的文章，作者布衣粗食在文章中写道："决定一个人成败的，往往是他对待细节的态度。越是细节的地方，越会存在着改变人生的机会。有些商人之所以取得成功，并不是因为普遍存在的商机，而是一个特别细小的商机，别人都没有察觉到，而他却抓住了，这就是'洞察力'。一个能够思考细微的地方的人，想得越细，对事物的感知度越高，任何'风吹草动'都可以感觉到，都会进行分析，确认是否对自己有利。即使不是人生机会，至少能够发现一种'信号'，可以依照这样的'信号'改变人生方向。因为有'洞察力'，一个人就会往更深的地方思考。空洞的话，他不会听，因为他已经知道说话人真正想表达的意思；别人的建议，他不会'照单全收'，而是分析之后，取其精华，去其糟粕；在进行一项工作时，会提前设定好多种结果及对应方案，一旦出现不理想的状况，就可以从容应对，不会手忙脚乱。"这段话写得非常好，洞察力是一种人人都应该具备的能力，对于企业管理者而言，洞察力也是一种"决策力"。洞察一切，才能做出准确的判断和选择。

有一家企业，在发展过程中遇到了难题。如果顺势转型，或许就能突破瓶颈。但是转型也具有相当大的风险，而且成功转型的企业并不多。此时，企业管理者老张从细微的市场变化中嗅到了"风口"，某一种产品的上市将会创造新市场，而"机遇"稍纵即逝，一旦错过，也就失去了成功转型的机会。

老张大胆预测，并且形成了一套科学方案。他说："对于企业而言，还没有到'破釜沉舟'的地步，但是生产这样一种新产品，需要调动企业的全部资源，甚至还需要做出选择：哪些产品可以继续生产，哪些产品需要停产。机会摆在面前，已经有企业跃跃欲试，留给我们转型的时间不多了。这是一个好机会，好机会就应该抓住它！"于是，企业及时开展了这个新项目，立即开始新产品的生产。新产品上市之后，马上得到了良好的市场反馈。

谋求转型是许多传统企业迫切需要做的一件事，并不是所有的企业都能成功转型。什么才是机遇呢？莎士比亚说过一句话："好花盛开，就该尽先摘，莫待美景难再，否则一瞬间，它就要凋零萎谢，落进尘埃中。"熟知事物的发展规律，能够从规律中找到机会，这就是"洞察力"。对于许多从事"投资"行业的人来说，"风投"是一种"风险投资"，风险与机会并存。如何从机会中获得收益，就需要从瞬息万变的市场中发现机会，及时跟进。有许多股民，虽然掌握了一些股票投资经验，但仍旧无法做到盈利。我曾经听到一位亏损的股民这样说道："我根本看不懂股票市场，又该怎样选择一支赚钱的股票呢？"看不懂股市变化，不明白股票规律，也就无法做出正确的选择。

有人问："如何才能提升洞察力呢？"我们可以通过以下几种方式去培养、尝试：

第一，勤思考，养成独立思考的能力。许多人总是"人云亦云"。"人云亦云"的人无法做到独立思考，更谈不上拥有洞察力。

第二，多阅读，从书本上获取知识和认知方法。获取知识的渠道并不多，但是阅读是最重要的渠道之一。

第三，多去看看世界，接触世界，才能发现世界的奥秘。所谓"读万卷书不如行万里路"，行走世界甚至比阅读更加有效。因此，我们不要把自己禁锢在一方天地中，只要有时间，就走出去看看世界，多与有趣的事物和有思想的人进行接触和交流。

第四，保持对事物的好奇心。一个缺乏好奇心的人是枯燥乏味的，一个有多种兴趣爱好的人，才能保持对世界的"新鲜感"和对世界的"探求能力"，才能从不易察觉的世界中发现机会。

想要培养"洞察能力"，就需要管理者养成独立思考的能力，多阅读，多接触世界，保持对事物的好奇心，培养兴趣，只有这样，才能逐渐提升洞察能力。

一 勤思考，养成独立思考的能力

二 多阅读，从书本上获取知识和认知方法

三 多去看看世界，接触世界，才能发现世界的奥妙

四 保持对事物的好奇心

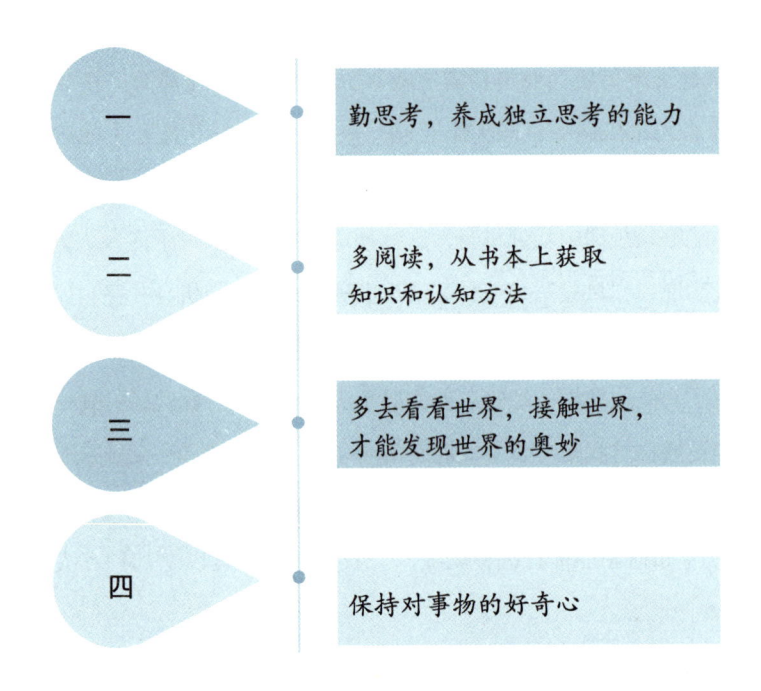

图 3-3　如何培养洞察力

03　高效的协调能力

一名管理者不仅要在重要时刻果断做出决策，还要具备高效的协调能力。什么是协调能力呢？协调能力是在做决策的过程中展现出的指挥管理才能。管理者在做决策的过程中，需要能够自如地协调人力、物力、财力等资源，从而达到最好的效果。协调能力是一种综合能力的表现，最直接、最集中的表现是人际关系中的协调能力和工作协调能力。

有一家企业，准备在另外一个省份开设一家分公司，分公司成立后，需要从总部调拨100多名工作人员前去协助建设。在分公司成立之初，企业老板吴长河就已经开启了沟通协调工作。首先，他找到拟定的分公司张总经理进行交谈。多次交谈之后，张总经理向吴长河保证："一定会圆满完成新公司团队班子的搭建工作，为新公司的发展做出自己的努力。"分公司班子确定之后，吴长河总是找出时间定期与班子成员进行沟通、协调，并且不断鼓励、关心他们。从总公司调去的100多名工作人员，无论是岗位还是生活起居，均得到了妥善的安排。与此同时，分公司还在本地招收了300多名新员工。新员工的加入，也需要吴长河去进行协调。

有一次，新员工与老员工发生了冲突，吴长河得知此事后，第一时间来到分公司做"和事佬"，亲自调解双方的矛盾。吴长河分别找到两名当事人进行谈话，非但没有批评他们，甚至都没有处罚他们。吴长河说："分公司的成长非常不容易，做管理者的更应该宽容，给他们成长的机会和空间，不要因为有一点'火星'就一次性掐灭它。"吴长河的协调沟通工作取得了非常好的效果，分公司成立三年，已经取得了累累硕果。企业成功的背后，离不开企业老板吴长河极强的协调能力。

协调能力是一种"综合能力"，它具体包含了哪些元素呢？主要有组织能力、授权能力、沟通能力、激励能力、冲突处理能力及资源调配能力。

一、组织能力

组织能力是基础性的管理能力，任何一名管理者都应该具备这样的能力。

二、授权能力

想要做好管理工作，就需要授权给其他人，让有能力的人出现在适合的岗位上，并且分摊管理者的部分精力。"眉毛胡子一把抓"的管理者并不是好的管理者，一个人的精力是有限的，管理者的"管理能力"应该用在最核心、最关键的工作上，比如决策、蓝图设计、战略设计等。其他工作，应该让"信得过的人"去做，并且授权给他们。有这样一句话："懂得如何授权的领导才是好领导。"

三、沟通能力

沟通是管理中最为常见的环节，没有沟通，也就无法形成管理。沟通也是我们老生常谈的话题，在上面的案例中，企业老板吴长河是一个善于沟通的人，只有沟通才能最终达成"双方一致"。卡耐基说过一句话："如果你是对的，就要尝试用温和的、有技巧的方式让对方同意你的看法；如果你错了，就要迅速而热诚地承认。这要比为自己争辩有效和有趣得多。"沟通是一种"武器"，擅长沟通的人，才能让自己的组织协调能力得到提升和加强。

四、激励能力

我们在前文中提到，一名优秀的经理人也是一名伟大的激励大师。管理者激励自己的员工，让他们充满了战斗力，从而在困境中完成难以完成（甚至是无法完成）的工作。

五、冲突处理能力

任何一家企业都会存在潜在的冲突和实际发生的冲突，造成"冲突"的原因有很多，管理者需要做两件事情：第一，分析冲突的原因，找到解决冲突的办法；第二，直接参与冲突的化解工作，解决冲突。正如上面案例中的企业管理者吴长河，通过沟通等方式化解了新公司的内部冲突，恢复企业的正常管理秩序，为企业的发展奠定了基础。

六、资源调配能力

一家企业有许多资源，包括人力资源、物力资源、财力资源和其他相关资源，只有使所有的资源处于一种"动态均衡"状态，企业的发展才不会失衡。资源调配能力是管理者特有的一种能力。

小米科技创始人雷军曾经总结了三个"学会",他是这样说的:"第一,学会协调与整合。在金山公司工作时,我认为自己的精力是无限的,常常工作得筋疲力尽,这是一个做加法的过程。从做天使投资人起,我开始做减法,假定自己什么都不会做,放权、授权让别人去做,这样反而效率更高。第二,学会选择与判断。对创业者来说,什么是最重要的?如果说钱最重要,那么微软就是日不落帝国。真正重要的是缺少金钱支持的紧迫感。创业型企业因为有紧迫感的压力,生存不下去就会死亡,所以往往会把一分钱掰成两半花。第三,学会专注与支撑。为什么大的企业在开展新的项目时往往很难成功,而创业型企业成功的比例却很高呢?这是因为大的企业项目发起人总是会在老板面前抱怨,钱不够多、人不够多。而创业型企业则不抱怨、不许诺,只顾埋头苦干,所以能够'制心一处,事无不成'。"雷军的三个"学会"也是对他多年管理经验的总结,其中,第一个"学会"更是重中之重。由此可见,协调能力对管理者的重要性。

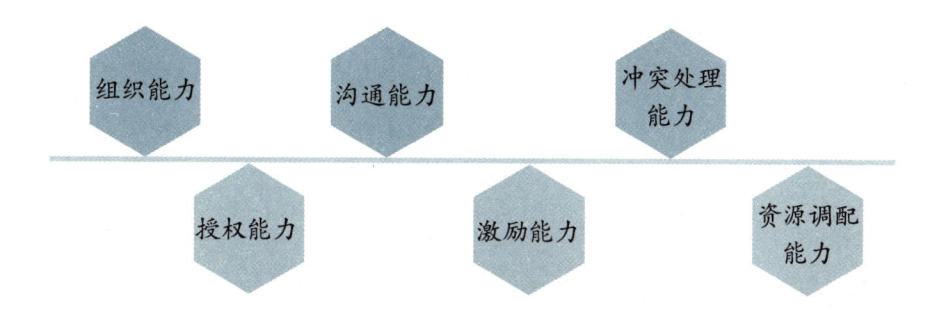

图 3-4　协调能力包含的元素

(组织能力、沟通能力、冲突处理能力、授权能力、激励能力、资源调配能力)

04　团队的组织力

管理者就像军队中的将军，一声令下，所有的士兵都要服从他的指挥。但是，管理者的"军队"是从哪里来的呢？只有这支队伍是在他的"带领"成长起来的，队伍中的成员才会听从他的指令。因此，管理者想要在"队伍"中发挥领导作用，首先要组织一支队伍，在组织队伍的过程中才能体现出管理者的团队组织力，没有组织力的管理者是无法实施管理的。

管理者是一个团队的管理者，而不是一个人的管理者。如果没有团队，管理者也就不是管理者。管理者拥有团队，才能实施管理工作。管理由两部分人组成——管理者与执行者。相对于管理者而言，执行者主要负责执行层面的具体工作，就像一家企业，除了董事长之外，还有生产部门、采购部门、销售部门、财务部门、人力资源部门、后勤保障部门、监督部门等，这些部门又有不同的岗位，不同的岗位配置了不同专业（特点）的员工。团队是什么？团队就是分饰不同角色的人从事同一件"伟大"的事情。

有一支著名的登山队，队伍管理者（队长）安科尔是著名的登山向导，拥有超群的团队管理能力和组织能力。登山队中一共有11名队员，另外10名队员有的擅长修路，有的擅长攀岩，有的擅长救援。换句话说，这支团队中的每一个人都能独当一面，等同于一辆汽车中的各个核心部件。

有一次，登山队选择了一座6000米级别的未登峰。未登峰是从来没有被人征服过的高峰，它对人类而言是全新的、神秘的、未知的。想要征服这样一座高峰，首先需要对它进行全方位的考察，再规划登山线路，最后进行攀登。安科尔团队中有地形考察员和气象观察员，他们在安科尔的调度和指挥下，对未登峰的地形、地质构造和天气环境进行了全方位的深度测绘，而且还形成了一份权威报告。在团队对未登峰有了全面了解之后，安科尔与其他团队成员进行协商，共同研究登山线路，以及如何规避攀登过程中的"风险"，最后选择了一条具有挑战性且相对安全的线路。

安科尔说："登山是一项危险的运动，稍有不慎就会失去生命。因此，在登山之前，我们一定要进行全面的、严格的热身训练。在正式攀登之前，我们找到了一座熟悉而且安全的岩壁进行训练。当团队中的所有成员都能达到登山标准后，我们再启程。"经过两周的训练，团队成员都达到最佳状态，而且这时还迎来了一个良好的"登山窗口期"，队长安科尔下令登山。

登山开始之后，安科尔有计划地安排、调度每一名成员的工作，有的铺路，有的搬运物资，有的负责防卫工作。安科尔的工作并非仅仅只有调度和管理，作为一名优秀的登山家，他与另外一名同样优秀的队员充当"开路先锋"，为后面的队员探路。整个队伍在6000米的未登峰上连续攀登了90小时，终于完成了这项伟大的登山计划。安科尔说："对于这样的伟大攀登，离开团队是无法实现的。这也告诉我们，每个人在实现自己的伟大梦想时，都可能会需要'他人'的帮助，而'他人'可能也同样需要你的帮助。"

团队可以成就一名优秀的管理者，同样，管理者也可以成就一个团队，团队与管理者之间存在着"密不可分"的关系。美国华盛顿大学福斯特商学院终身教授和组织管理系主任陈晓萍在《平衡：工作和生活的艺术》一书中写道："由于团队成员之间的高度依赖及利益共享，每位成员都面临着是否合作的局面：如果自己不付出，而其他成员皆努力付出，那就能坐享团队的成果；但如果所有团队成员都抱着这样的想法，那么，这样的团队将一事无成，结果是每个人都会受到惩罚。从另一方面说，如果自己全心投入，而其他成员皆心不在焉、懒散懈怠，那么自己努力为团队取得的成果就会被其他成员瓜分。"管理是一门艺术，打造并管理团队更是一门艺术。管理者拥有团队管理能力，才能打造并管理一个团队，让团队中的所有成员更团结，更努力地工作，更有战斗力。管理更是一门技术，团队管理也同样如此，将团队打造成骁勇善战的队伍，才能真正体现出一名管理者的素养和能力。

05 持续的领航力

一名杰出的领导者同时也是一名优秀的"船长"，一名优秀的船长能够带领船员们抵达他们想要到达的地方，帮助船员实现梦想。因此，一名杰出的领导者还需要像船长那样具备持续的领航力。什么是领航力呢？领航力也叫作领航能力，它体现了管理者预见未来、开拓未来、改变未来的能力。持续领航，就意味着管理者需要拥有强大的"恒心"和"意志力"，才能勇往直前地带领企业和员工前进。

有一种精神叫作"砥砺前行"，所谓砥砺前行就是历经磨难、克服困难、勇往直前。砥砺前行是一种"担当"，管理者必须是一个具有担当精神的人，没有担当的管理者是无法持续领航的。有人问："领航存在风险吗？"任何一次"历史性"的航行都具有风险，要么成功，要么失败。因此，管理者的每一次历史性的领航都具有较大的风险。为什么冒着风险也要这样做呢？还有一种精神叫作"敢为人先"。作者马王乡和母雨佳在一篇名为《干部要"敢为人先"》的文章中这样写道："'敢为人先'是精神和活力的集中体现。'敢为人先'就是敢于尝试、敢于探索、敢于创新；'敢为人先'就是敢于领风气之先，领潮流之先；'敢为人先'就是有胆有识、占尽先机，取得发展的主动权。'敢为人先'的胆识和气魄，靠的就是永不止步、与时俱进的实践精神；靠的就是挑战现实、敢于创新的特殊品质。作为领导干部更是要发挥'敢为人先'的精神，去尝试、探索、创新。克服畏难情绪，在攻坚克难上'敢为人先'；锐意进取，在创新发展上'敢为人先'。"敢为人先是一种宝贵的精神品质，也是管理者的一种"特殊能力"，只有砥砺前行、敢为人先的管理者才能持续带领企业和员工前进。

"领航"并不仅仅只是一种能力，还是一种意识。什么是领航意识呢？领航意识主要体现在以下四个方面：

一、责任意识

带领企业前进是企业管理者的责任。只有责任在身，才能督促自己去抓管理、抓工作、抓业绩。因此，管理者需要具备这种责任意识。百度百科对"责任意识"的解释是这样的："所谓的责任意识，就是清楚明了地知道什么是责任，并自觉、认真地履行社会职责和参加社会活动过程中的责任，并把责任转化到行动中的心理特征。有责任意识，再危险的工作也能减少风险；没有责任意识，再安全的岗位也会出现险情。责任意识强，再大的困难也可以克服；责任意识差，再小的问题也可能酿成大祸。有责任意识的人，受人尊敬，让人信赖。"优秀的管理者不仅具有突出的工作能力，更有担当大任的能力，责任意识是领航意识的一种表现，也是最重要的表现。

二、协作意识

众所周知，一个人是无法完成一项耗时巨大的工程的，只有一个团队才能完成。管理者需要帮手来帮助他完成工作，帮手就是合作伙伴和员工，在他们的配合下，管理工作和领航工作才能顺利进行。如果船长不懂得协作，总是发号施令，最后就会没有船员愿意配合他，或者不会用心配合他，最终导致的结果就是无法到达目的地。所以，管理者要具有协作意识，让所有人都愿意参与"领航"工作。只有这样，管理者才能团结众人之力，让团队形成合力，最终达到目标。

三、创新意识

创新是发展的动力，创新才能带领企业不断发展。只有管理者具有创新意识，才能带领企业突出重围，取得成功。本田创始人本田宗一郎说过这样一句话："光看别人脸色行事，把自己束缚起来的人，是无法取得长足的进步，尤其不可能在科学技术日新月异的年代生存下去，最终就会掉队。"创新也是一种胆量，敢于打破传统的束缚，才能找到发展的新契机。有些人惧怕创新后的风险而不敢创新，反而把企业带进了死胡同。在当今这个快速发展的时代，一步落后，就会步步落后，最终被社会淘汰。领航，就是要披荆斩棘，带领团队突出重围。只有这样，企业才能有所发展，管理者才能实现自己的管理梦想。

四、规范意识

企业的发展，需要管理者不断完善企业管理中的各项制度。制订并完善各项管理制度的人，就是企业中的领航者——管理者。因此，企业管理者要具备"规范意识"，不断完善企业管理中的各项制度，在企业内部推行"规范化"的管理经营模式。如果人人都按照"规矩"去工作，就能节省企业资源，提升执行效率。

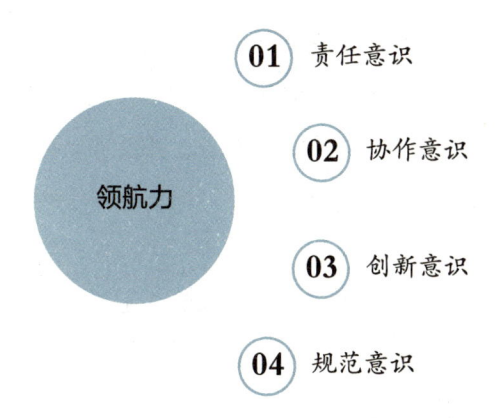

```
         ①  责任意识

         ②  协作意识
  领航力
         ③  创新意识

         ④  规范意识
```

图 3-5　领航意识包含四方面能力

领航力也是一种"综合能力"，还是集责任、协作、创新、规范意识为一体的精神意识。如果一名管理者具有领航能力，他就能驾船远航，帮助自己和船员实现梦想。

06　认可的威信

每个人都希望得到他人的认可，认可是一种高级需求。作为一名管理者，只有被其他人认可，才能在企业内实施管理。如果一名管理者没有威信，也就无法做好管理工作。

有一位年轻的管理者名叫徐伟，他有着令人羡慕的学历，在企业相关的"人才政策"下，被公司董事长提升为部门总经理。有人这样评价徐伟："能力确实不错，但是能否胜任部门老总一职，现在还很难说。"究其原因，这个人是这样说的："在一家企业中，学历不等同于能力，懂管理不代表能管理好企业。"徐伟上任之后，并没有取得良好的管理成果和经营业绩，董事长与徐伟沟通时说道："你要放开手脚，该下命令的时候就要下命令。"

事实上，不是徐伟不懂管理，而是部门员工没有一个人愿意配合他的管理工作。有一名员工说道："徐伟并没有傲人的业绩，他被提升到这个位置，完全是靠'人才政策'，我们对这样的'人才政策'感到不满。"还有一名员工说道："说白了，他毫无威信，大家也不相信他。"

不被部门员工认可，没有树立自己的威信，徐伟非常痛苦，他的管理工作无法进行下去。久而久之，徐伟几乎沦为"光杆司令"。董事长看到徐伟无法开展管理工作，便把他调离了管理岗，负责业务技术开发工作，这个岗位十分符合徐伟的资历和能力。原本的管理岗位则由一名更有经验、资历更深的员工陈国华取代。

陈国华在这家企业工作了20多年，业务能力强，擅长沟通，做事风格雷厉风行，并且非常仗义，员工私下里都称他为"陈老板"。陈国华上任之后，马上进行了一番沟通工作，与员工一一谈心，其目的在于，能够更加了解工作岗位，拉近管理者与员工之间的距离，便于展开管理工作。虽然陈国华学历不高，但是有很好的工作作风，在员工中间很有声望。部门员工是这样评价陈国华的："陈老板才有一个老板的样子，管理拿捏很到位，从来不会倚老卖老，而且尊重大家，所以我们都支持他！"正因为如此，陈国华上任之后，管理工作做得井井有条，不仅提高了部门的管理效率，而且还大大提升了经营业绩。

陈国华有这样一句话："只有大家认可你，你才能在团队中做好工作；否则，团队只能把你孤立。"

有人问："如何才能树立自己的威信呢？"树立威信的方式方法有很多，具体有以下三点：

一、诚实

管理者一定是诚实可信的，绝不是一个八面玲珑、满口谎言的人。那些不诚实的管理者不管如何遮掩，最终总是会被人拆穿，不但做不好管理工作，而且还会被员工轻视。演说家何智勇说过这样一句话："诚信在现代社会中是无法或缺的、个人的无形资产。诚信的约束不仅来自外界，更来自我们的自律心态和自身的道德力量。"诚实守信的人是"道德上"自律的人，他严格约束自己，信守承诺，能够带给对方一种"安全感"；而那些"虚伪"的人，总是背弃承诺，给人一种无法信赖的感觉，最终也会在众人中间失去信任。就像美国总统华盛顿所说："我希望我将具有足够的坚定和美德，借以保持所有称号中，我认为最值得羡慕的称号———一个诚实的人。"

二、真诚

真诚与诚实是有区别的。诚实指"做事"，真诚指"做人"。教育家傅雷说过这样一句话："有了真诚，才会有虚心，有了虚心，才能抛开自己去了解别人，也才能放下虚伪的自尊心去了解自己。建筑在了解自己、了解别人的基础之上的爱，才不是盲目的爱。"真诚面对自己，让自己更加真实地出现在众人面前，也让对方去真实地感受你、认识你，这样才能接纳你、相信你；真诚面对别人，才能将"做人"的气质袒露出来，给对方一种亲切感。真诚是一种品德，还是一种良知，美国心理学家艾琳·卡瑟拉认为："要让新结识的人喜欢你，愿意更多地去了解你，诚恳老实是最可靠的方法，是你拥有的'最强大的力量'。"

三、自信

任何时候，人都要保持自信。自卑的人是无法获得认同感的。对于一名管理者而言，更要相信自己的能力，时刻保持自信，时刻让自己处于自信的良好状态，时刻像"太阳"那样释放着自己的光芒。

如果一名管理者诚实守信、真诚待人，并且相信自己的能力和为人，就能在团队中获得认可，并逐渐树立威信。

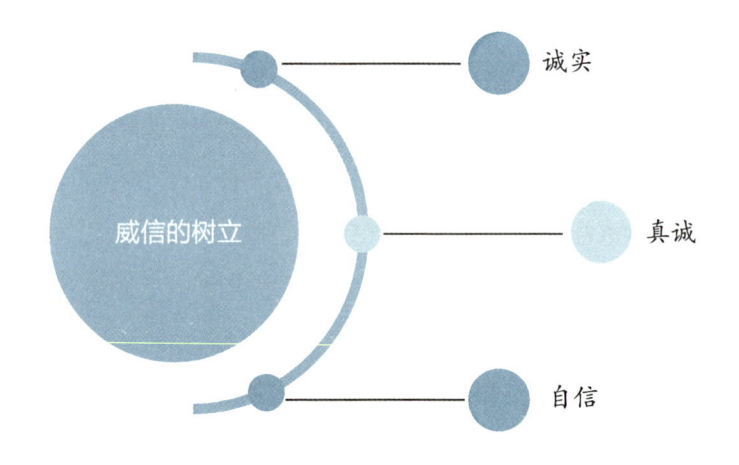

图 3-6　如何树立威信

07　冷静的行动力

管理者的管理工作是一种"行动"，只有能够做到冷静行动的管理者才能做好管理工作。因此，管理者还要具备冷静的行动力。冷静是前提，冷静的行动才能夯实管理。著名记者柴静说过这样一句话："既要冷静又要保持关切，我尽量要求自己去这样去做。许多事情不是表面那么简单，那么善恶分明，不是义愤填膺地指责就可以解决问题。那些在刚开始排斥、甚至有可能打击我们的人，也要给他们说话的机会。"现实中，经常会有一些管理者在冲动之下做出决策，这些人总是"拍着脑门"做决定，实际的结果却与设想的结果相差甚远。冷静是行动的前提条件，管理者只有在三思之后，控制住自己的情绪，才能展开行动。

浙江温州有一位银行行长，他是一个非常冷静的管理者。有一年，台风登陆浙江温州，随之而来的还有大暴雨，这为银行带来了巨大威胁。为了转移并保护银行的重要资料，减少损失，这位银行行长亲自指挥"抗灾救灾"工作。行动伊始，他就非常冷静，而且思路严谨，先解决"电源"问题，排除各种隐患，再按照"先重要后次要"的顺序解决资料存放问题。经过几个小时的奋战，几乎所有的重要物资都被抢救出来。这位行长说："无论发生怎样的事情，管理者都要以身作则，更要冷静分析、冷静行动。在重大事件面前，管理者决不能头脑发热做决策，这样的做法是不负责任的。"

南怀瑾先生在《南怀瑾文集》中写道："现今的人们拥有高学历和丰富的知识，却往往过度仰赖丰富的知识，而忘记让自己在智慧上不断成长。'信者恒信，不信者恒不信'，跳出成见，才有机会接近真相。连孔圣人也会对自己最信任的弟子产生怀疑，更何况我们呢？我们是不是也常常因为'亲眼所见、亲耳所闻'就对他人产生了某种印象，从而为他人打上某种'标签'呢？孔圣人可以用智慧了解真相、消除误解，可我们呢？有多少人因为自己的'亲眼所见'从而对别人产生误解，并且耿耿于怀，甚至怀恨在心。可悲的是，有些人可能再也没有机会去了解真相，明白其实只是自己'看错了'。"南环瑾先生是一位非常有思想的人，他经常说："凡事要留三分钟冷静时间。"由于我们的不冷静，可能就会错过某个"细节"而做出了错误的判断。

管理者的每一次"行动"都有可能是至关重要的，所以更要"冷静"和"三思"。在前面的章节中我们讲过"三思"的重要性，"居安思危"并不是一种"拖延症"的表现，而是让管理者养成缜密思考的习惯。有人问："管理者做事，不是要充满激情吗？为什么要冷静？"冷静与激情并不冲突，需要冷静的时候要做到冷静，需要激情的时候要做到充满激情。网络上流传着这样一段经典感悟："面对错综复杂的事物，人需要冷静；身处千钧一发的时刻，人要有激情。被人误解、嫉妒、猜疑时，人需要冷静；朋友有难、伤感、颓废时，人要有激情。得意、顺利、富足、荣耀时，人需要冷静；失意、挫折、穷困、低迷时，人要有激情。面对金钱、物欲、欲望的诱惑时，人需要冷静；面对理想、前途、命运的抉择时，人要有激情。"一名管理者经常会面临各种诱惑和困难局面，在这种情况下，就需要"冷静"面对，只有"冷静"，才能拒绝诱惑，远离危险。一名管理者也会遭遇怀疑、误解和猜忌，这时更需要冷静处理，而不是"热处理"。一名企业管理者难免要为企业组织做出"重大抉择"，在这样的时刻，一定要做到"冷处理"。冷处理与热处理有本质上的区别，就像人们常说的那样："冷静做事，积极做人。"

冷静的目的并不是为了"延迟行动"，而是让行动更加有效。对于管理者而言，付诸行动才是最重要的。有些人患了"冷静综合征"，迟迟无法付诸行动，需要鞭子鞭打才行。一名优秀的管理者不是空想家，更不是乌托邦描绘者，而是一名"行动家"。没有行动，也就不会产生结果。实践是检验"真理"的唯一标准。行动就是实践，实践才能出真知。作家克雷洛夫说过这样一句话："现实是此岸，理想是彼岸，中间隔着湍急的河流，行动则是架在河流上的桥梁。"没有行动的管理不能称之为管理，而只是一种设想，甚至连设想都不算。

冷静行动，激情工作，既要做冷静的思考者，又要做积极的行动者，将冷静和行动结合在一起，才能产生奇妙的化学作用。管理者的"冷静"是三思后的"冷静"，管理者的行动是贯穿"管理—执行"整个过程中最有效的武器。

08 变革的创新力

变革是发展的原动力。在当今这个各行各业都飞速发展的时代，唯有"变革"才能跟上时代的步伐。毫无疑问，企业需要变革。那么，在企业想要变革，做出改变时，就需要那些具备"变革之力"的管理者来完成这一目标。

有一家化工企业，曾经是某地区的纳税大户，拥有7000多名员工，产品广受市场好评，企业效益非常好。后来，在残酷的市场竞争中，这家企业的技术优势不再，企业竞争力下降，效益也随之下降。该企业的董事长是一个"保守"的人，他坚持自己的看法："现在只是市场问题，等市场好转，我们的企业就会迎来第二春。"结果，这位企业管理者的"好梦"落空了，企业发展遭遇了前所未有的严重阻力，甚至到了严重亏损的地步。

由于经营不善，该企业董事长借由年龄偏大，顺势选择了退休，接替董事长一职的是一位年轻的管理者。这位管理者有着海外留学的经历，属于"改革派"。他上任之后做了三件事：

第一，砍掉落后的技术设施，淘汰落后的产业链，将原来的岗位员工进行培训并分流。

第二，考察市场上的新项目，并对新项目进行论证。经过一年半的考察与论证，该企业选择了有潜力的项目进行建设，并形成新的管理团队，针对新项目进行了有力的人才引进。

第三，对尚未淘汰的生产线进行技术升级、配套升级、人才升级，在企业内部进行人员技能考评，"能者上、庸者下"，并大胆采用新的考核激励机制，从而让优秀员工在经济上得到实惠、在精神上得到认可。

这三项措施使这家企业发生了"脱胎换骨"的变化。与此同时，这位年轻的管理者还大胆引进"现代管理工具"，对传统的管理局面进行了革新，传统管理架构转化为现代化的"扁平化"管理架构。如今，这家企业已经成功上市，市场竞争力强，且拥有几十项国家专利。

在现实中，这样的成功案例比比皆是。一家成功的企业背后，离不开拥有革新能力、创新能力的企业家。马克·吐温说过这样一句话："有些人会错误地教导我们说，墨守成规就是始终如一，是一种美德，而摆脱规则就是反复无常，是一种恶行。"改革不是一种恶行，而是一种勇气，一种打破"墨守成规"的办法。当企业发展遭遇阻力，或者发展遇到瓶颈，管理者应该勇挑重担，对企业进行"诊断""把脉""号脉"，想尽一切办法找到企业存在的"弊病"，想尽一切办法解决"弊病"。有一位企业家曾说道："改革就是为企业做一场大手术，这样的大手术并不是为了让企业发展得更好，而是为了给它'续命'。"在我国，经营超过10年的企业不超过10%，绝大多数企业都倒在了成功的路上。到底是哪些原因导致企业"死亡"呢？原因有很多，但也有一个重要原因不容忽视：不注重改革和创新，坚持传统落后的思维，唯恐改革失败，缺乏革新的胆量。

创新不是毒药，而是解药。著名作家金马在《21世纪罗曼司》一书中写过这样一段话："如果说，创新尚属于人类个体或群体中的个别杰出表现，那么，人们循规蹈矩的生存姿态尚可为时代所容。但是，在创新已经成为人类赖以进行生存的环境中不可或缺的因素时，仍然采用循规蹈矩的生存姿态，则无异于自我溃败。"创新是一种不断提升的"增长力"，世界知名企业、知名品牌都在坚持创新。苹果公司创始人乔布斯就是一个非常具有"创新"精神的人。乔布斯曾经说过这样一句话："不要问消费者想要什么，一家企业的目标就是去创造那些消费者需要但无法形容和表达的需求。"挖掘目标客户"无法形容和表达"的需求，即潜在的、更加高级的需求，并提供超乎想象的产品，这样才能快速锁定目标客户，帮助客户实现需求。优秀的企业，是"需求"的引领者，而不是"需求"的满足者。

有人说："创新和改革风险极大，稍有不慎就会死在路上！"实际上，依靠创新和改革突出重围的企业比"墨守成规""以不变应万变"谋求发展的企业要多得多。虽然改革与创新存在风险，但是改革和创新仍旧是企业取得发展的最重要的动力，改革和创新具有"实践"意义和"实践"价值，正如欢聚时代创始人李学凌所说："创新的时代总会有人死在半路上，但是这些失败或者遇到困难的企业并不代表没有价值，它们的价值就是告诉大家，其实这个领域是可以一试的。"企业想要取得发展，需要企业领导者拥有卓尔不群的创新能力和革新的勇气。只有这样，企业才能在他的带领下取得长足的发展和进步。

PART 2
事在人为，先理后管

第四章

知人

01 选择人才：不以个人喜好去选择

许多企业管理者都会按照自己的喜好选择员工。有的管理者喜欢"顺从"的员工，也会为这一类员工提供"晋升机会"，还有一些管理者完全按照自己的想法选择员工。当然，这些选择员工的方法都是不科学、不合理的。企业需要什么样的员工，不能根据管理者的"个人意志"或"个人想法"去选择，而是应该根据企业的需要去选择。企业需要科技型人才，就应该招聘科技型人才；企业需要研发型人才，就应该招聘研发型人才。作家刘德生在《领导科学》杂志上发表了一篇名为《不能以个人喜好选择人才》的文章，文章中写道："在现实生活中，往往存在这样一种现象，即领导者的个性喜好总是在一定程度上影响着他的领导思想和行为，其中包括对下级的评价与看法。实干型的领导者，欣赏踏实肯干、任劳任怨的员工；谋略型的领导者，倾向挑选思维敏捷的人进班子；宣传能力强的领导者，喜欢能说会写的人当助手。这就是在选择人才上表现出来的特征：个性喜好相近，那么在工作中就容易相处；个性喜好迥异，在工作中则会出现不相融合的问题。实际上，以个性喜好来选择人才是一种片面的做法。因为它会使领导者的选择范围局限在其个人喜好的认知里，不利于人才的互补，也不利于企业的发展，还会使许多有才之士被排斥、被疏远。"科学选择人才比以个人喜好选择人才更加有意义。

第一，以个人喜好选择人才是自私的。许多管理者并不是从企业的角度出发，而是从自己的角度出发，这样的做法是极其自私的。作为一名管理者，应当以企业利益为先，个人利益为辅。管理者管理企业，目的就是要让企业取得更好的发展和成长。企业需要什么样的人才，管理者就应该选择并使用这样的人才。有人问："难道企业管理者的'需求'不是企业的'需求'吗？"我想，企业管理者的个人喜好与企业真正的需求是存在差异的。如果管理者完全按照自己的喜好去选择人才，就会从"客观"上伤害企业利益。管理者应该抛开个人喜好，从企业发展的角度出发去选择人才。

第二，根据个人喜好选择人才是片面的。知乎专栏"易君说"曾经刊发了一篇名为《兴趣不是你人生的全部，不要让片面毁了你的职业生涯》的文章，文章中写道："你所做的事情需要满足他人的需求，这样才是有价值的。仔细思索一下，我们大部分的兴趣、爱好是不是更多地满足自己而非他人？或者只是我们自认为这样能够满足他人。所以我们把事业培养成为兴趣，而不是把兴趣变成事业。这两句话看似相同，实际上思路完全不一样。兴趣是用来取悦自己的，而事业则是服务他人。"企业管理者应以"事业"为先，应该首先满足企业发展对人才的需求，而不是首先满足个人的喜好。如果企业发展的需求与管理者选择人才的喜好是相同的，那么企业管理者完全可以按照自己的喜好去选择人才。但是，企业管理者的喜好也是片面的、主观的、情绪化的，很难客观地、科学地选择出企业所需的人才。那应该怎么做呢？企业管理者在选择人才时，应该摒弃自己的喜欢，交由"专业部门"，或者按照"科学选择人才的标准"去进行选择。

第三，以个人喜好选择人才容易引发"裙带"效应。许多职场人士都曾公开表达过这样的观点："我们都不认可在公司拉帮结派的行为，这样做很容易让别人感觉公司仿佛只属于几个人。"是啊，如果企业管理者利用岗位带来的便利发展裙带关系，这样的企业能有什么样的发展前景呢？一名优秀的企业管理者会选择摒弃各种裙带关系，用科学而合理的眼光选择人才，给予每一位有才华且企业需要的人才同等的机会。许多企业管理者喜欢选用"自己人"，那么，什么才是"自己人"呢？简单地说，"自己人"就是无论发出怎样的指令都会听从、与自己关系亲近的员工，制造"裙带关系"的管理者也无法管理好企业。有哪一家企业是依靠"裙带关系"而走上成功的呢？企业管理者应该远离"裙带关系"，这样才能放手去管理企业，才能为所有的企业员工创造公平的晋升机会。

刘鹗在其小说《老残游记》中有这样一句话："人人好公，则天下太平；人人营私，则天下大乱。"如何理解这句话呢？企业管理者在选择人才时，既要选择德才兼备者，又要做到公平公正。如果完全按照自己的喜好去选择人才，就会扰乱企业的发展，企业得不到想要的人才，也就无法取得成长。因此，企业管理者要以企业的角度选择人才、使用人才。

02 如何找到"潜力股"

从众多员工中挑选出"潜力股"，也是一项很重要的能力。对于管理者而言，这是一项必须要具备的能力。如何才能从众多员工中找到潜力股呢？这似乎并不是一件容易的事情，需要管理者练就一双"火眼金睛"。

什么是潜力股呢？潜力股就是潜在的、具有"高成长值"的员工。那些初入职场的年轻人也许已经具备了某种优秀的能力，只是他们的能力还需要时间的历练和工作岗位的锤炼。如果管理者能够挖掘出优秀的"潜力股"，并且加以培养，就能为企业带来更多人才。人们常说："二十一世纪比拼的是人才！"为企业打造"人才库"是企业管理者的责任，也是义务。通常来说，"潜力股"一般有以下五项特征：

一、尊重他人

为什么我们首先讲述"尊重"这一特征，而不是首先说明能力和学历呢？原因在于，在工作中，只有尊重自己和他人，才能凝聚人气，才能成长为人才。尊重自己和尊重他人是"潜力股"最基本的标志,就像弗洛姆说的那样:"尊重生命、尊重他人,并且尊重自己的人生,是生命进程中的伴随物,也是心理健康的一个条件。"一个内心不健康的人,怎么可能与"人才"二字画等号呢?

二、良好的道德修养

什么是修养?元代思想家刘壎在《隐居通议·琴谱序》一文中写道:"续杏坛之音,鼓宣尼之操,吾徒之修养也。"修养,就是指高尚的品德和正确的处事态度,也可以指一个人优秀的素养。修养,也是一种"综合素质"的体现。一个有修养的人,不争不抢,有宽容的胸怀,也不会拉帮结派、制造矛盾。良好的道德修养是优秀人才的标志,良好的道德修养也会在"潜力股"的身上发光、发亮。如果一名管理者发现了非常有修养,而且能力不错的年轻人,一定要细心观察。

三、个性突出

每个人都有自己的个性,有的个性突出,有的个性低调。如今,许多年轻人都有突出的个性,个性就是一个人的特点。通常来说,人才都是有个性的。管理者选择"潜力股",也要观察他的个性。有些年轻人性格外向,喜欢交际,擅长交流和沟通,甚至在公关方面也有很强的能力,这种个性活泼的年轻人非常适合营销等部门;还有一些年轻人性格沉稳,做事扎实,非常适合财务等部门。如果一个年轻人没有个性,或者个性不突出,恐怕很难从众人之中脱颖而出。

四、有责任心

对于一名员工来说,责任心是最重要的。没有责任心的人,是无法放心将重要的工作交代给他。责任,是一种品德。企业管理者选择人才,就要选择那些责任心强、使命感强的人。如果将企业交给没有责任感和使命感的人,企业必定会"毁于一旦"。美国总统林肯说过这样一句话:"每一个人都应该有这样的信心：人所能负的责任，我必能负；人所不能负的责任，我亦能负。如此，才能锻炼自己，求得更高的知识而进入更高的境界。"潜力股，必须是有责任心的人。有责任心，才能胜任关键重要的岗位，才能从管理者的手中接过管理的"接力棒"。

五、技术强

大家一定有一个疑问，为什么把技术放在最后来讨论呢，难道技术不重要吗？其实，一个人的技术，与道德修养、个性、责任心同样重要。企业想要取得发展，就需要拥有相关的技术性人才。技术能力强的员工，自然会通过良好的业绩脱颖而出，此时就需要管理者多加考察，该员工是不是企业或者重要岗位所需要的潜力股？许多技术人才成长为企业管理者，都是拜"伯乐"所赐。想要找到最强的技术性人才，管理者可以通过组织技术类型比赛的形式挖掘技术方面的潜力股。

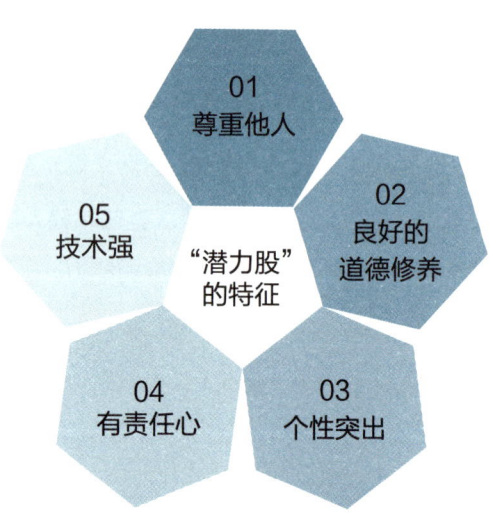

图 4-1 "潜力股"的特征

除了以上五项特征之外，还有许多细节值得企业管理者去观察。许多潜力股还有一些细节上突出的体现。

第一，待人接物。优秀的人，在待人接物方面是非常注意的，这些人通常做人低调，待人接物有礼貌。

第二，守信。优秀的人，一定是守信的人，信守承诺、信赖他人，绝不会失信于他人。

第三，注重细节。注重细节的人，才会把工作做扎实；而那些粗枝大叶的人总是在不经意间造成失误。管理者需要的是注重细节的潜力股。只有注重细节，才能放心把重要的工作交由他处理。

第四，穿着品味。虽然我们不能直接从一个人的衣着打扮上去判断一个人或者选择一个人。但是穿着打扮良好的人，一定是注重个人形象的人。在职场上，同样要注意个人形象，一个人的形象同时也代表着他所在企业的形象。因此，穿着品味也是一个人的标志。

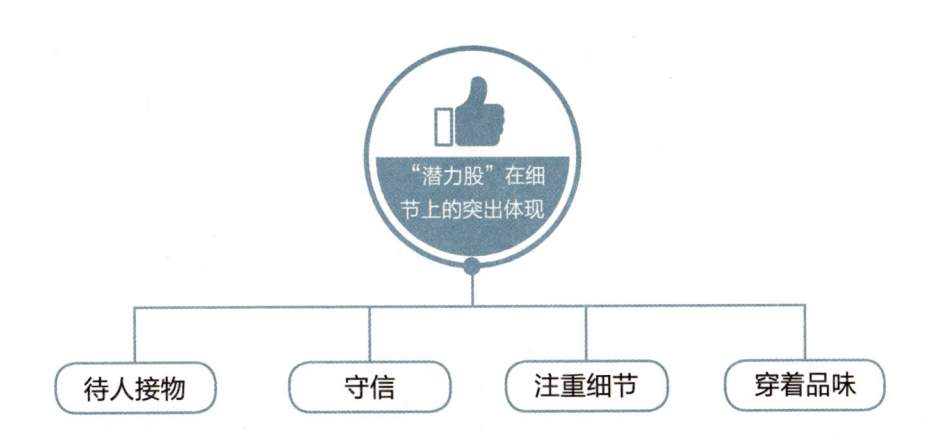

图 4-2 "潜力股"在细节上的突出体现

当然，潜力股的"标签"还有很多，企业管理者应当经常去基层走一走，看一看，想要找到潜力股，还需要多观察、多考察。

03　让员工帮你选择人才

企业管理者还有一种"懒人式"的选人方法，这种方法就是：让员工帮你选择人才。通常来说，优秀的员工在员工队伍中也会发光、发亮。如果是员工公认的人才，这个人就非常值得企业管理者观察和考察。

有一家大型化工企业正处于转型期，需要有技术、有经验、有能力的人才加入。企业管理者老王希望能够"内部挖掘人才"，而不是直接从社会上聘任。对于这样的做法，他是这样理解的："我们是一家拥有数千人的企业，企业内部也'卧虎藏龙'，不一定非要从外部招聘。如果有这样的有志之士，欢迎广大员工向我推荐。"老王的做法，也是许多企业都会选择的，内部挖潜、员工推荐，不仅节省资源，而且还能最大化地利用企业内部的人力资源。

企业某技术岗位需要一名主任，这个车间的36名员工联名推荐他们的工友徐涛，并且在推荐信上这样写道："徐涛同志作为车间管理人员，不仅是一名优秀的党员，而且还是高级技师。职位上，他是我们的副主任；工作岗位上，他是我们的技术老师；生活中，他是我们的老大哥。虽然他今年已经47岁，但是仍旧能够勇挑重担为企业贡献自己的力量，因此我们联名推荐副主任徐涛同志。"老王看到这封联名推荐信之后，便开始对徐涛进行观察和考察。

老王亲自下车间了解情况，并且对徐涛参与的"企业技术升级改造"

项目进行了评估，最后他发现，徐涛确实是企业所需要的人才。他认为徐涛身上具有以下几点非常宝贵的特点：

首先，徐涛是一位亲和力非常强的员工，工作态度积极、团结同志，主动帮助年轻员工，并且能够与年轻员工一起成长。

其次，徐涛责任心强，注重细节，尤其在企业技术升级过程中，提出多项改进意见，并且得到了企业专家组的认可。最后事实证明，徐涛的意见和做法都非常有价值。

最后，徐涛懂技术，是一名非常优秀的技术专家，并且有着强烈的进取心，坚持不懈地学习新技术，属于企业内的技术骨干。

老王对徐涛进行了为期三个月的深度考察，最后决定提升他为技术岗主任，并予以重任。徐涛非常感激同事和下属的联名推荐，并亲自向车间里的所有员工表示感谢。

除了徐涛之外，老王通过员工推荐的方式还从企业内部挖潜出多名技术、行政、管理、财务等方面的人才，并且大胆启用他们，给他们授权，让他们大展拳脚。后来，该化工企业成功转型，技术生产方面得到了大幅度提升，产品得到了优化，企业的竞争力更强了。

作家口天无写过一篇名为《让员工帮你选到需要的人》的文章，文章中介绍了世界著名企业美国微软公司选择人才的做法，文章中写道："员工参与选择人才是是否能够聘用到最合适的精英的关键。公司的主要领导参与招聘活动是微软公司的一大特色，从副总裁到比尔·盖茨等所有高级管理人员都会亲自参与。微软公司有自己的考量：如果高层管理人员都对招聘漠不关心，那么其他人就更不会重视了，这会使人力资源部门在公司中处于无关紧要的地位，影响人力资源部门员工才能的施展，导致降低招聘工作的水平。微软公司鼓励员工举贤荐能。据《工业周刊》报道，微软公司约有30%的开发人员是通过这种渠道招聘到的。员工推荐中大约有50%

都能取得良好的结果。据统计，微软公司雇用的员工中，40%是通过员工推荐，因为聪明人了解聪明人，忠诚的员工会推荐最合适的员工。'请为我们提供最优秀的候选人，推荐适合我们岗位的人，可以是你自己认识的，也可以仅听说过他的名字。比如，你知道某个人发明创造过几项了不起的技术，听说某个人有电脑怪才的称号，可以把他的名字提供给我们。'这就是比尔·盖茨的主张。"

"让员工帮你选择人才"，就是企业管理者将"举荐权"交给自己的员工，让员工去大胆举荐。现实中，并不是所有的管理者都有时间和精力去基层考察并挖掘人才，他们对某个人（所需要的人才）的认识是非常有限，甚至还非常片面的。如果这个时候，员工向企业管理者推荐人才，或许就是企业真正所需要的人才。当然，员工还可以向企业管理者推荐"外部人才"，帮助企业挖掘有用的人才。就像文章《让员工帮你选到需要的人》中所描述的微软公司选择人才的案例："为了把那些隐藏在世界各地的天才人物统统网罗旗下，微软公司实行了一项政策——推荐一位研究员、高级研究员或主任研究员，微软公司将奖励3000美元。这项奖励政策对所有员工都适用。微软公司这一人事制度是以员工的信誉为前提，任何人在推荐候选人的时候，必须以自己的'信誉'为无形担保。"微软公司的做法不仅可以网罗到世界各地的顶尖人才，而且还可以约束员工的推荐行为，减少，甚至避免不负责任的推荐行为发生的概率。

04 选择人才：看智商，更要看情商

有时候，人们会把人才定义为"智商高"的人，或者说，智商高的人就是人才。甚至还有人说："著名的企业管理者几乎都是高智商者。"仿佛高智商就代表了一切。

有一个名叫陈春晓的年轻人，他有着非常傲人的学历，技术能力也非常出众。大学毕业之后，他进入国内一家非常知名的互联网企业从事互联网技术方面的工作。随着工作时间的延长和延伸，他也得到了非常多的机会，而且企业管理者对他也有着非常高的期待。

有一次，陈春晓因为技术架构的问题与同事和上司发生了激烈的争执。为了缓解同事之间的矛盾，上司多次找他进行沟通，但都没有处理好纠纷。陈春晓说："他们的思维太落后了，技术水平也远远不够。我无法与这样的人、这样的团队一起工作！"陈春晓是一个非常自傲的人，是典型的"独行侠"，与其他员工几乎没有任何接触。用现在的一句话说："陈春晓非常自我，完全活在自己的世界里。"同事对他的评价是这样的："他是一个不食人间烟火的人，与我们不是同一个世界里的人。"其实，陈春晓智商很高，但是智商高并不能弥补情商低的缺陷。

由于矛盾迟迟没有得到解决，公司总监亲自找陈春晓谈话："小陈啊，每个企业都有每个企业的特点，首先我们要适应它，然后在适应的基础上再改变它。你的同事，能力可能没有你强，但是他们也有他们的优点

和长处，你们要互相学习，取长补短，这样才能共同把工作做好。"但是，公司总监的话也没有奏效。最后的结果是，陈春晓选择了辞职，彻底离开了团队。

案例中的陈春晓是一个高智商、高学历的年轻人，工作能力也非常突出，甚至可以说是团队中的"佼佼者"。但是，他也存在许多问题，这些问题都是企业管理者在选择人才的时候需要慎重考虑的。换句话说，陈春晓的情商并不高，甚至无法融入团队中去，这样也就无法在团队中起到核心、关键的作用，甚至还会起到反作用。那么，陈春晓到底会起到哪些反作用呢？或者说，情商低的人会给企业或团队带来哪些副作用呢？

一、缺乏同理心

在任何企业中，员工都应该和睦相处，只有这样才能一起把工作做好。如果一个人能够常常换位思考，那么就能很容易地融入企业（团队）的大家庭中。但是，情商低的人大多不懂得沟通，说话过于直接，不懂得换位思考，有时甚至会不管不顾只把自己的想法说出来，没有考虑到是否会伤害到对方。与此同时，情商低的人往往会把自己"包裹"得很严实，甚至存在沟通障碍。

二、不懂得弦外之音

许多人说话时都会"一语双关"，话里藏话，真正想表达的意思并没有直接说出来，而是需要对方领会，用一个成语来形容就是"弦外之音"。在一个人表达拒绝的话时，情商高的人，能够听出"弦外之音"，可以和颜悦色地停止，给对方留下良好的印象；情商低的人则不行，他听不明白"弦外之音"，并且还会如同"滔滔黄河之水，一发不可收拾"，令对方难以接受。如果一个人不懂得"弦外之音"，也有可能会在工作和生活中造成被动局面。

三、极度的情绪化

在互联网上，有一段话流传得极广，这段话是这样的："在成功的路上，最大的敌人其实并不是缺少机会或是资历浅薄，而是缺乏对情绪的控制。愤怒时，不能平息怒火，使周围的合作者望而却步；消沉时，放纵自己的萎靡，把许多稍纵即逝的机会白白浪费。"如果一个人无法控制自己的情绪，不懂得管理自己的情绪，就会引发大问题。极度的情绪化是一种不成熟的表现，没有一家企业欢迎"不成熟"的人才。

四、孩子气重

极度的情绪化是一种孩子气的表现。当然，孩子气的表现还有许多种，比如过度依赖他人。有人问："难道高智商的人也会依赖他人吗？"当然。许多所谓的"天才"虽然有极高的智商，却在生活方面一塌糊涂，甚至还需要他人提供保姆式的帮助。孩子气重的"天才"很大概率无法胜任重要岗位，同样不符合企业的择人标准。

五、无法承受压力

如今，企业员工的工作压力、生活压力都非常大，企业也会选择"抗压能力强"的员工担当重任。如果员工智商高，但是抗压能力差，总是在困难面前"崩溃"，也就无法胜任重要的工作。如果一个人每到关键时刻就出差错，无法跟上企业发展的步伐，这样怎么能做好自己的本职工作呢？

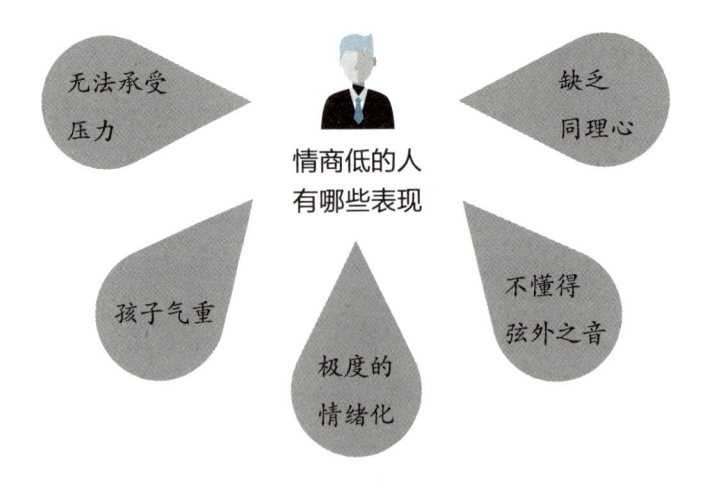

图 4-3　情商低的人有哪些表现

企业管理者选拔人才，除了注重智商之外，还要考察这个人的情商，最后选择综合能力较高的人。只有这样，企业管理者才能找到成熟的、抗压能力强的、能够解决核心问题的人才。

05　识人：能力与学历并重

许多企业非常重视学历，并且会在招聘广告中写明，岗位要求至少为本科以上学历。那么，为什么企业会如此重视学历呢？简单地说，学历相当于技能，学历越高，求学之路越长，积累的知识也就越多。还有许多企业只招聘名校毕业的大学生，名校比普通高校的门槛更高，名校毕业的大学生理应更加优秀。但是，学历能代表一切吗？不能！学历只是人才表现的一个方面。越来越多的企业更加注重个人的能力，而不仅仅是学历。

学历等同于能力吗？不，学历绝不等同于能力。学历代表着一个人学习力的强弱，即一个人的学习力强，那么就可以通过高考考入一所比较好的大学。但是，即使是高考状元，也有可能达不到人们的预期。《光明日报》曾经刊发了一篇文章，文章中写道："关于成才的定义，其实应该从小就为孩子树立起正确的价值观——真正的成才是于国有用，于人有益，不能只想着实现财务自由，跨入更高的阶层，享受纸醉金迷的生活。"这篇文章的文笔非常犀利，直指中国教育的弊病。因此，大学教育甚至是更高等级的教育，并不能代表一切。一个人是否优秀，除了学历之外，还要看他的能力如何。如果一个人只有学历而没有能力，同样无法适应竞争激烈的企业岗位。

有一位企业管理者，非常注重年轻人的能力，他这样说道："对于我的企业来说，更加需要'蓝领工人'，'蓝领工人'绝不是简单重复地从事生产工作，而是需要他们展示技术。电工要有电工技术，钳工要有钳工技术，铲车工要会开铲车、修铲车，而且还要精准操作，不能出现失误。换句话说，只要你有这方面的技术和能力，就能胜任这样的岗位。"如果一名研究生学历的员工无法胜任这样的技能岗位，他只能被企业淘汰出局。有人说："总有高学历者擅长的领域，为什么不给他安排适合他的岗位呢？"有一名博士应聘进入了一家外资企业从事管理工作，但是这位学院派的高学历者只懂得"管理理论"，无法把理论转化为实践。外资企业的老板非常器重他，希望他能有所转变，但是很遗憾，这名博士管理者始终没有在管理方面展示出自己的能力，他只会照本宣科，完全没有能力管理好一个科室。最后，这名博士只能去档案室管理档案。是啊，让一名博士生去档案室工作仿佛就是一个笑话。但事实上，他除了傲人的学历之外，几乎找不到任何特长。

企业管理者应该学历、能力并重，不能突出学历贬低能力，也不能突出能力贬低学历。学历是学习力的体现，学习力强的人，相对来说，学习并适应岗位的能力也会更好一些；能力强的人，通常学历也不会很低，绝大多数的高学历者通常情况下都可以展示出自己的能力和水平。总之，企业在招聘栏中填写"本科以上学历"或者"仅限某某专业博士"等内容是科学的、合理的。为什么类似医院这样的企业要招聘高学历者呢？因为，医学临床只有高学历者才能胜任医生这样的重要岗位。在这样的企业或机构中，学历几乎就是能力的代名词。专业的计算机工程师大多都是高学历者，计算机编程需要精通计算机语言、英语、数学等学科，只有这些学科才能帮助他们完成编程工作。

我们打开华为官方网站上的招聘专栏，点开"资金产品经理"一职，可以看到如下的岗位要求：

业务技能要求：

1.3~10年以上企业资金管理项目或财务项目实施经验，参与并主导过2个及以上大中型企业的IT信息化建设项目，有产品建设经验者优先。

2.熟悉以下至少一项资金管理产品或财务产品：Oracle、SAP、FIS、Misys、Murex、BELLIN、金蝶、用友。

3.了解企业架构管理、精通领域驱动设计等软件设计知识，熟悉需求分析方法论，具备产品化设计能力。

4.逻辑清晰、擅长沟通、抗压力强，有较强的自我驱动力和创新意识。

从这则岗位要求说明中我们可以看出，华为是一家重视人才能力的企业，而那些具备这些能力的人，恐怕也多是高学历者。

06　五种常见的识人方法

从古至今，识人方法可谓数不胜数。唐太宗李世民，作为一代明君，他懂得识人、用人。他在《帝范·审官》中写道："明主之任人，如巧匠之制木，直者以为辕，曲者以为轮，长者以为栋梁，短者以为栱角，无曲直长短，各有所施。明主之任人，亦由是也。智者取其谋，愚者取其力，勇者取其威，怯者取其慎，无智、愚、勇、怯，兼而用之。故良匠无弃材，明主无弃士。"善于识人、用人的管理者才是真正懂得管理的管理者。康熙皇帝也是一位擅长识人的帝王，他曾经用一种方法考验刚刚崭露头角的著名清官施世纶。施世纶是一个相貌十分丑陋的人，甚至有这样的记载描述他的相貌：眼歪，手蜷，足跛，门偏。如果是以貌取人，施世纶绝不可能进入清政府为官。

施世纶在参加殿试的时候，康熙皇帝见他相貌丑陋，便故意问他："像你这样丑陋的人，为什么还要参加殿试呢？"

施世纶非常机敏，他是这样回答康熙的："因为您是以才取人，而不是以貌取人，所以我才来参加殿试。"

康熙继续试探，并用一句诗来讥讽他："脖子缩进耳藏肩，秃头斜眼腿划圈。前是鸡胸后罗锅，歪腮麻面身子弯。视君百年身后死，棺椁只需用犁辕。"

没想到施世纶竟然现场作诗回应康熙："秃头明似月，麻面满星辰。独目观斜（邪）正，歪腮问事真。罗锅见真主，前胸藏诗文。只手扶社稷，单腿跳龙门。"

康熙见施世纶不仅有真才实学，而且泰然自若，心怀鸿鹄之志，是不可多得的人才，于是对施世纶委以重任，施世纶也没有让康熙失望，做出了许多政绩，被康熙称为"天下第一清官"。

康熙的"以才识人"是一种较为常见的方法，如果"以貌取人"，企业管理者也将错过许多有才华的人。识人的方法多种多样，我们将常见的五种方法进行简单的介绍，以便广大读者和企业管理者进行参考。

一、做事不讲条件

现实中，有一些人在工作时不讲条件。只要是交代给他的工作，他一定会排除万难努力完成。这种人，多半给人一种"傻"的感觉。甚至还出现了这样的评价："现在还有这种低头做事不讲条件的人吗？"答案是：有。做事不讲条件的人属于"稀有动物"，现在绝大多数人做事之前都要把所有"条件"摆在面前，并且说明："我不会负全责。"如果能够找到这种"做事不讲条件"的员工，将是非常好的一件事，这样的人通常不会令管理者失望。

二、处事不惊

凡是能成就大事业的人，都是处事不惊的人。有些人，天生淡定，即使大难临头也不会惊慌，反倒有一种舍我其谁的霸气。处事不惊的人并不多，这些人也属于"稀有动物"，大多数人遇事都会急躁，无法从容应对。如果能够在企业中挖掘到这样的"宝贝"，完全可以当作"接班人"去培养。

三、不争不抢

西汉刘安在《淮南子》中有句名言："淡泊以明志，宁静以致远。"淡泊明志、宁静致远是一种做人的境界，意思是说，不追求名利才能志趣高洁，静思反省才能实现远大的理想。不争不抢是一种人生态度，即"淡泊明志、宁静致远"的人生境界。在企业中，企业管理者最担心的就是各种"争抢"和"内讧"，找到一个不争不抢的人做事，反而省心、省力。

四、尊敬师长

年轻人进入企业之后,身边多半都有一位"师父"来指导他的工作。有的人非常尊敬师父,总能把师父放在心上,这就说明这个人是一个非常真诚、朴实的人。在诚信社会中,一个人只要诚信厚道,踏踏实实做人,就能走得长远。人才并一定恃才傲物,但必须是尊敬师长、踏踏实实做人的人。

五、不怕吃亏

有一个成语叫作忍辱负重。什么是忍辱负重呢?《三国志·吴书·陆逊传》中这样写道:"国家所以屈诸君使相承望者,以仆有尺寸可称,能忍辱负重故也。"能够忍受屈辱、不怕吃亏坚持做事的人,才是企业管理者真正需要的人,忍辱负重、不怕吃亏的人往往是能够成就大事业的人,这些人通常能够成为管理者的"心腹之交",并且能够担当大任。

除了上面五种识人方法之外,还有许多识人方法。懂得识人,学会用人是管理者必须具备的能力,做好选人、识人工作,才能做好管理工作。

常见的五种识人方法

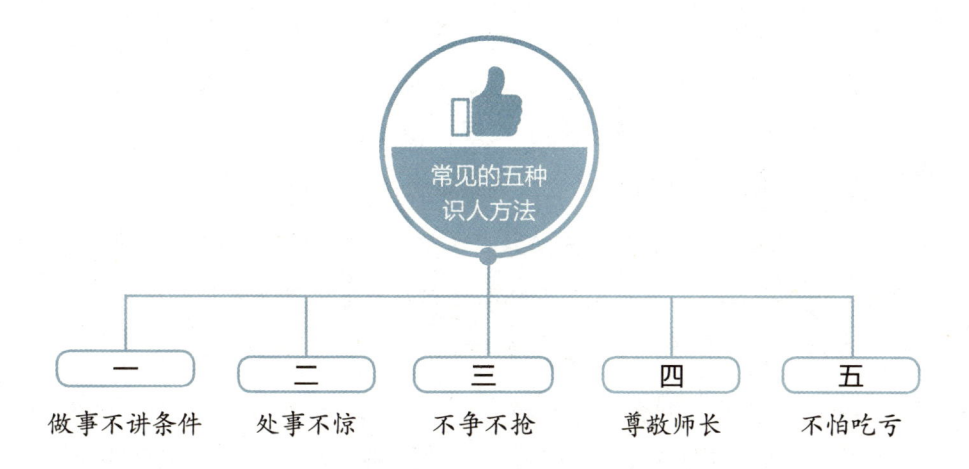

一	二	三	四	五
做事不讲条件	处事不惊	不争不抢	尊敬师长	不怕吃亏

图 4-4 常见的五种识人方法

07　识人的四大误区

有这样一个故事，故事的主人公名叫林恩·汤森，他曾经是美国汽车巨头克莱斯勒公司的总裁。克莱斯勒汽车的销量曾经非常好，完全没有库存量。但是，到了20世纪70年代，经营局面却急转直下，产品大量积压，克莱斯勒公司几乎到了破产的边缘。这样糟糕的经营局面与林恩·汤森脱不开关系。

林恩·汤森起初是克莱斯勒公司的财务官，在担任财务官期间，他的工作表现得非常出色，因此打动了公司的决策者。克莱斯勒公司是一家"求贤若渴"的公司，当时正在寻求人才的加入。决策者发现林恩·汤森是非常不错的培养对象，于是将他推到了总经理的位置上。但是，林恩·汤森并不擅长企业管理和企业运营。由于其缺乏长远的眼光，而只顾眼前的短期利益，克莱斯勒公司在他的管理下越来越糟糕。林恩·汤森的多次决策失误让克莱斯勒公司错过了许多宝贵的发展机会。而这个时候，通用公司及福特公司这些昔日的竞争对手却日益强大，抢占了克莱斯勒公司原有的市场份额。1975年，克莱斯勒公司债台高筑，亏损高达2.59亿美元。在这种情况下，林恩·汤森只好选择辞职。

林恩·汤森辞职之后，新任管理者通过采取一系列措施，终于将处于破产边缘的汽车巨头带出了泥潭。由此可见，林恩·汤森担任企业管理者是克莱斯勒公司决策者的最大失误。如果企业决策者错误地选择了"接班人"，那么很有可能会将企业带入绝境。一名企业管理者想要正确地、科学地选择人才，一定要避开"识人"的误区，避免克莱斯勒式的"选人悲剧"。

一、不要以貌取人

许多人都有以貌取人的习惯，认为"相由心生"！但相由心生并不是"以貌取人"的理由和借口，只是人们错误地理解了这句话的含义。"相由心生"一词来源于佛教《无常经》："世事无相，相由心生，可见之物，实为非物，可感之事，实为非事。"那么，应该如何理解这句话呢？其实，人对客观世界的认识和评价，都是源于其内心。相由心生只是被人曲解，为"以貌取人"提供了注解。任何"以貌取人"的行为都是一种不道德的行为，也是一种不尊重人的行为。世界上，有许多相貌普通的人才，他们凭借才华也能拥有自己的一片天地。

二、不要以话取人

职场中有这样一群人，他们巧舌如簧，总能说出很漂亮的话，而且会当面"拍马屁"。不得不说，许多企业管理者都喜欢这一套，喜欢"马屁精"拍他们的"马屁"，因此许多"马屁精"获得了普通人无法得到的机会。但是，这些"马屁精"有真本事吗？其实，许多人话说得很漂亮，工作业绩却未必漂亮。有一家企业部门的经理就是典型的"话漂亮但工作不漂亮"的人，他汇报工作的技术一流，工作专注程度和管理能力却远远不如他的汇报技术。由于他爱说漂亮话，企业老板一直以来都很信任他，并且授权给他去做重要的工作，然而，管理者的信赖却并没有换来理想的效果。对于一名企业管理者而言，一定要远离"马屁精"。这些人并不是企业真正需要的人才，除非是话漂亮、工作也漂亮，情商高、技能也强的人，这样的人才值得企业管理者进行推荐和培养。

三、不要以偏概全

现实中，确实有许多人属于"偏才"，他们的特长很明显，但是缺点也非常明显。虽然有"用人之长"这一说法，但是管理者切不能"以偏概全"，必须要了解一个人的短处和缺点。清代思想家魏源说过这样一段话："不知人之短，不知人之长，不知人长中之短，不知人短中之长，则不可以用人，不可以教人。"选人之长、用人之长并没有错，但是管理者要时刻警惕这类人在某些方面的短板，否则将会为企业的管理带来麻烦。企业管理者需要全面考察一个人，而不是只关注一个人的"特长"而忽略其"缺陷"。

四、不要以事取人

几乎所有的企业都经历过困难局面，如果突然出现了一个力挽狂澜的人帮助企业摆脱困境，那么，毫无疑问这样的人一定会成为企业的英雄，但是英雄是否能够胜任管理者的角色呢？世界上，也有许多"独行侠"，虽然能力很强，但是他们却不服从管理，更谈不上管理别人。因此，企业管理者切莫以事取人，也要对那些能力强的"英雄"进行全面考察。

识人的误区远不止以上四项，企业管理者也要避免仅凭自己的"主观感受"去选择人才，而是应该打造一套科学的识人、选人的流程。

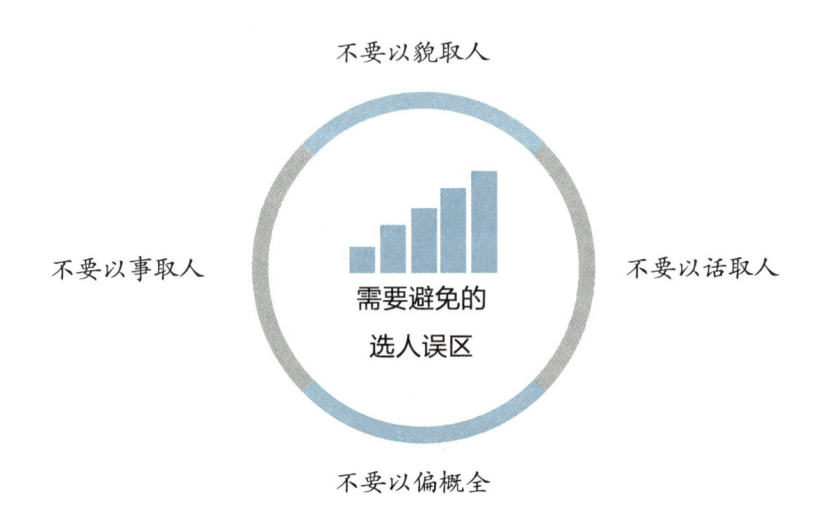

图 4-5　需要避免的选人误区

第五章

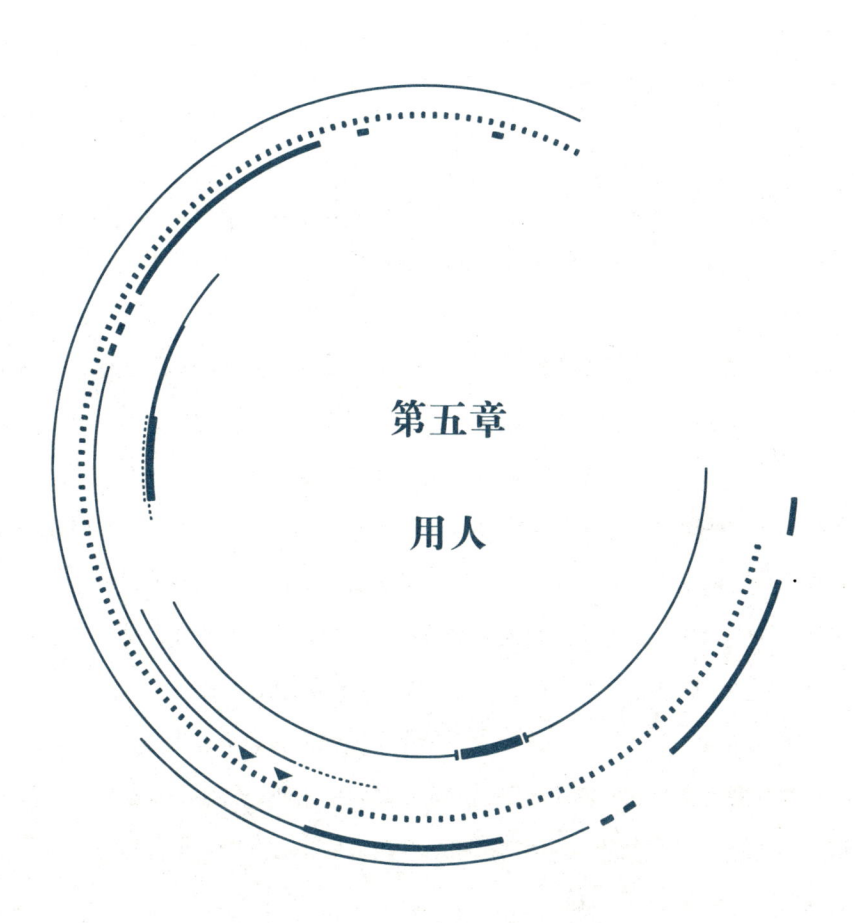

用人

01 用人要小心，更要大胆

有这样一句话："用人要小心，更要大胆！"这句话看上去似乎很矛盾，那么，要怎样理解这句话呢？小心用人很容易理解，尤其对于那些重要或者敏感的岗位，用人一定要小心，还要时刻对他进行观察与监督。大胆用人也很容易理解，许多管理者都要大胆启用年轻人，通常这些人也能够不辱使命、勇挑重担，最终成长为企业的中流砥柱。难道"用人要小心，更要大胆"这句话是分开表达的吗？还是包含了其他含义呢？其实，管理者在考察一个人的时候，需要给他一些时间，也要给自己一些时间，所谓"日久见人心"，只有在一定时间的考察期内才能发现问题，长期考察的目的就在于在工作的过程中发现并排除各种"隐患"，如果这个人确实是管理者想要培养的人才，那么，在启用之后，就要大胆放手让他去做，甚至不去干涉他的想法和做法。

"用人要小心"与"用人要大胆"是用人的前后两个过程。在前期考察人时，管理者要小心、谨慎；后期起用人才时则要果断、大胆。现实中，有些管理者用人时非常"大胆"，但却忽略了"用人要小心"的前期过程，这样给自己的工作带来非常多的麻烦。

有一位企业家，他的性格非常爽快，做事风格不拘小节。为了能够让企业发展得更快，他聘请了大量人才，而且还申请了多项国家专利，并开设了多家分公司。由于分公司的体量过大，人才招募就变成了一件非常重要的事情。有一次，企业组织演讲比赛，在演讲比赛中，有一个年轻人令他眼前一亮。这个年轻人是某技术车间的工人，专业技术不错，口才也很好，有很清晰的思路，做事风格也很缜密。用企业家自己的话来说，就是："我就喜欢这种有想法的年轻人，未来的世界是属于他们的。"就这样，这个年轻人得到了企业家的重用，直接被安排到分公司的采购岗位上，负责采购的管理工作。

众所周知，采购是"肥差"，许多人都紧盯着这个岗位。有董事成员曾经提醒企业家："这样的岗位，要有'自己人'才行。"但该企业家并没有采纳这样的意见，他决定给年轻人施展拳脚的机会。刚开始，这个年轻人的采购管理工作确实做得不错，验证了企业家的选人眼光，但是，随后就出了问题。许多供应商想要与这家企业进行合作，所以经常用物质贿赂这个年轻人，不是请客就是送礼，年轻人的"防线"逐渐崩溃，竟然帮助供应商一起损害公司的利益，使企业不仅用高价采购了低品质的原料，而且还造成了200多万元的直接经济损失。后来，这个年轻管理者被另外一家供应商匿名举报，企业家这才发现自己看错了人。

管理者为什么要小心用人呢？因为管理者也有看错人的时候，一旦用错人，就会给企业带来很多麻烦。因此，企业管理者要在用人之前做大量的工作，去全面了解新人、观察新人，也可以适当交给他一些重要的工作进行考察。如果新人能够通过"层层关卡"，再重用不迟。如果一个新人经过长时间的考察，也经受住了各种考验，企业管理者就不需要再"迟疑"了，这时就可以大胆启用，让新人去重要的岗位上，让他接受更为严格的"考验"。总之，管理者一旦决定重用一个人，胆子就要大一些，不要犹豫。

前瓜子二手车COO陈国环说过这样一段话："CEO要大胆用人、善于用人。一家公司只要CEO还在，那么这家公司就不会倒下。所以用人时，不妨胆子大一些。如果这个人可以胜任这项工作，其他不重要的缺点就可以忽略，不要过分追求完美，否则下场常常是无人可用，毕竟没有人是十全十美的。我在

2004年进入阿里巴巴时，有一个人非常'野'，他的特点是狠、猛、速度快，能出结果；缺点是不走常规路线，常让人目瞪口呆。有人不太敢使用这种人，但我后来发现他是带团队的一把好手，于是便启用了他，还把他从阿里巴巴带到赶集网。在他的带领下，我们这个低水平的团队一下子跃升为全国前三。所以CEO要敢用人，越是驾驭不住的人，越要敢用。很多创始人用人时总担心功高盖主，但只有不拘一格降人才，公司才能成功。"有人问："如果这个人难以驾驭应该怎么办？"现在的企业管理者都在谈"无为而治"的理念，那么，什么才是"无为而治"呢？无为而治并不是什么也不管，而是尽可能地减少干预，放手让他人去实现自己的价值。当然，企业都有自己的制度，制度也能起到约束人的作用。对于管理者而言，选人就是要做好两件事：前期谨慎看人，后期大胆用人。

02 用人就要"人尽其才"

用人就要"人尽其才"，而不是只注重人才的某个优势或特点。通常情况下，一名员工身上还具备岗位要求之外的优势或特点，而这样的优势或特点可能是企业内某个岗位的补充。如果一名企业管理者只关注某名员工的某项专长，也就无法挖掘出他的全部潜能。有一句古话是这样说的："位得其人，才尽其用，人事相宜。"那么，这句话应该如何理解呢？

所谓"位得其人"指的是，在一个岗位上安排了最符合它要求的员工，同样的，也只有这个岗位才能让这名员工充分发挥自己的能力；所谓"才尽其用"指的是每一名员工都应该获得机会去发挥自己的能力。每名员工都有一定的能力，这就需要企业去进行合理的安排和管理，这也是对企业管理者能力的考验；所谓"人事相宜"指的是尽可能使所有的工作都由适合它的人去做，让正确的人做正确的事，这样才能把企业做好，才能真正体现出"管理"二字的真正含义。所以，企业中用人的学问，就可以用"位得其人，才尽其用，人事相宜"这句话来诠释。

人才是企业中最宝贵的"资源"，没有任何一种"资源"能够比人才更重要。人们都说"二十一世纪是人才的时代"，人才就代表着"发展力"。许多企业高薪聘请人才，或者花费巨大的精力培养人才，就是希望人才能够"人尽其能"，发挥出巨大的潜能，帮助企业走上快速稳定的发展道路。华为是一家非常重视人才的企业，他们的人才战略可以用一句话来总结："5个人的工作量，4个人来干，领5个人的工资。"还有另外一句话："用好人，分好钱。"如果希望人才在工作中发挥出他的才能，那么就要给他足够吸引人的薪资待遇，薪资待遇就代表着他的能力值和贡献值，能力值和贡献值越大，薪资待遇自然就会越高。华为总裁任正非曾经透露过："2018年华为有18万名员工的人均收入达到110万元（16万美元左右），低于谷歌（24.7万美元）、脸书（23万美元）、推特（17.3万美元），但高于苹果（12.1万美元）和微软（11.8万美元）。"华为的高薪在国内企业中首屈一指，当然也有人说："华为内部的竞争压力太大，走得人比留下的人多。"但是反过来说，这些人恰恰因为有过在华为的从业经历，所以去到任何一家企业，都会被重视。在华为工作相当于"镀金"，华为独特的用人体系，也为这些人才进行了"赋能"。

华为市场部考评办公室主任张建国这样介绍华为的用人机制和薪资体系："华为真正的人力资源管理部门是在1994年正式设置的。当时在销售部成立了考评办公室来解决如何分配销售人员奖金的问题。一开始我认为很简单，有销售业绩在，按业绩发放奖金就完全可以。后来在实施过程中发现不行。为什么？因为那一年如果按照业绩来分配，派驻到乌鲁木齐的销售人员奖金应该最高，最高的员工甚至可以拿到十几万元，而派驻到上海的销售人员却连5000元都拿不到。这样纯粹按照业绩算出来的奖金金额悬殊太大。如果按照这种激励导向，像上海这种重要的战略市场就没有人愿意去了，而进不了上海这样的战略市场，华为就无法达到占领市场高份额的目的。经过两年多的实践，华为人力资源体系逐步由绩效考核体系转变为更合理、更科学的绩效管理体系。虽然从绩效考核到绩效管理只有两个字的差别，但本质上却发生了天差地别的改变。考核不是目的，提高绩效才是。什么叫PDCA？就是通过改变计划、行动、检查、考核进行不断地改进，每个季度考评一次，不断循环、不断坚持、不断跟进目标，最终起到管理的作用。华为的人才管理机制就是这样建立起来的。"华为的这套用人机制也非常值得其他企业及管理者去学习、借鉴。华为这套体系主要由以下四个部分组成：

第一部分，明确组织与组织体系。华为首先明确了各个部门的具体工作，例如人力部门做什么，销售部门做什么，技术部门做什么，以及各个部门的薪资分配方式。只有明确这些具体内容，才称得上"人力资源"管理。

第二部分，制订有效的考核机制。虽然一直以来KPI都被人广泛诟病，但是它仍然是一种非常成熟的考核机制。华为将KPI进行细分，全部落实到具体人身上。KPI其实是一种激励机制，如果没有激励，那么如何才能让人才发挥才能呢？没有人喜欢"大锅饭"的企业，只有具体的考核细则，才能激励人才的主观能动性，主动去发挥自己的能力，为企业创造价值。

第三部分，打造培训体系。华为的培训体系非常强大，受到了业内人士的高度认可。华为拥有自己的"华为大学"，有这样一组数据：华为大学拥有3700套星级学员公寓。百草园是华为大学的校园生活区，生活区配备了商业街、健康指导中心、会所等设施。除此之外，华为大学还有120间高级研讨室和建筑面积达到7000平方米的通信实验室。总体来说，华为大学的师资力量非常强大。

第四部分，华为拥有一整套完整的考评体系。华为明确了考评体系的构成，同时，还明确了考评结果与奖金、晋升等息息相关。

中国人民大学教授彭剑锋说过这样一句话："好的企业要尊重人才的个

性，包容人才的偏执与个性缺陷。"用人要灵活多样，更要大胆，只有这样，才能充分发挥人才的能力，创造更大的价值。

03 善用的标志就是会授权

在第三章中，我们曾经提到过作为企业管理者，必须要适当地"授权"。企业管理者的工作是非常烦琐而沉重的，管理岗位不允许管理者事事都要亲自去做。说到底，一个人的精力是有限的，一个人只有一双手，无法做到事必躬亲。因此，管理者应该寻找更多人来帮助自己分担部分工作压力。在这里，我们就要提到管理中的一项能力——授权，即管理者授权给员工，让员工去分担一部分工作。有人问："管理者授权给员工，这样他能放心吗？"我们常说用人不疑、疑人不用，既然已经授权给员工，为什么不能放心地让对方去做呢？更何况，授权的本质是"控权"，授权不等于完全不参与，授权也有授权的要求，管理者需要提前确认好应该注意的事项，再让员工放手去做。我们将在下一节对"授权"进行详细介绍。

授权是管理者"解放"双手的一种做法。一方面，授权可以让管理者抽身出来，去做更重要的事情；另一方面，授权是一种非常好的"历练人"的方式，授权给员工，这样才能培养员工的管理执行能力，让员工更有信心去工作。众所周知，原万科集团董事会主席王石是一名典型的"甩手掌柜"，他常常不是在游学，就是在登山探险，但是万科却如同一只品质优良的机械手表，一直都在正常地运行。王石曾经在一篇名为《王石：万科的管理、制度、用人三要素》的文章中写道："员工做错了，我就要承担责任。这是我的管理原则。很简单，你重用他，他做错了，那么他已经诚惶诚恐了。这时候你可以有两种态度：一种是对员工说，你辜负了我的信任，你把事情做砸了，但这不是我的态度。我的态度是第二种：你做错了，不是你的责任，是我的责任，是我让这个人做了不适合他做的事情。真正聪明的经理，知道下属犯错了，会不吭气、装傻，允许下属犯错误，当下属知道错了之后，他会珍惜你对他的信任，更努力地去工作。尤其当公司壮大之后，授权就会变得非常重要，一旦授权就不要横加干涉，但不干涉并不意味着连监督机制都没有。"授权与控权同等重要，授权最重要的目的绝不是为了"解放"管理者的双手，而是让更多人得到锻炼和历练的机会，将更多人培养成才。

有一个男人，他有两个儿子。这个男人非常宠爱小儿子，不喜欢大儿子。大儿子是一个非常有个性的孩子，但是这种"个性"并没有加以正确的引导。大儿子长大后，在外面做了错事，因伤害罪被判入狱两年。出狱之后，因为得不到父亲的信任和支持，大儿子一直在社会上"游荡"。小儿子则完全不同，就像被泡在蜜罐里，什么事情都不用做，所有的事情都被父亲安排好了。

小儿子说："我不需要做任何事情，所有的事情都有人给我安排好了，我只需要张嘴吃饭，甚至连衣服都不用自己穿！"这种"宠爱"是好事吗？当然不是！小儿子年满22岁，准备去一家公司上班，却发现自己什么也不会，甚至连基本的生活能力都不具备。后来，小儿子埋怨父亲："你知道公司同事和领导怎么说我吗？他们说我是废物，什么也不会！这能怪我吗？你从来也没教我这些，我怎么能学会？"是啊，他从来没有从父亲那里得到过"授权"，根本学不到本事。

大儿子说："父亲总是怀疑我，觉得我什么都不行，不想历练我，更不想给我提供帮助。说实在的，我在社会上摸爬滚打这么多年，牢狱之灾又让我认清了自己，我相信自己能够处理好很多事情。现在，我需要信任和资金上的支持！"后来，大儿子多次与父亲沟通，父亲终于肯相信他，给他10万元去创业。大儿子有了资金上的支持，又得到了父亲的帮助，很快就起步了。

有些员工，不是能力不行，而是没有机会展现自己的能力。许多员工有雄心，有抱负，想要做出成绩，但是没有机会。这该怎么办呢？管理者如果想用好这些员工，让他们发挥自己的能力，就需要为他们创造一个平台，授权让他们放手去做。当然，比授权更进一步的是"把权力还给员工"，就像海尔集团董事长张瑞敏说的那样："员工的薪酬取决于他们为用户创造了多少价值。只有为用户创造了价值，他们才能得到可观的薪酬。如果没能创造出价值，就无法获得薪酬。如果他们完全无法创造价值，那么就只能被淘汰。我们并不要求员工一定要具备某些技能，也不会强制要求他们参加培训，或者指导他们如何创业。我认为，任何培训都无法在一夜之间把员工变成创业者。如果有人能达到这样的要求，也就是能够参与创立新的企业，那么他们就能在这个平台上获得成功，但如果做不到这一点，或许就只能离开。"海尔的这种更加开放的"授权"更能激发员工的"创业梦"，只要让员工拥有"主人翁思想"，远离"打工者思想"，员工就能快速成长起来，并能肩负起企业发展的重任。

04 授权：明确责任

我们在前面的小节中说道："授权等同于另外一种控权。"只有明确责任的授权，才是真正意义上的授权，毕竟，没有人可以完全依靠"道德"来约束自己的行为。但是，既然选择了相信对方，就应该大胆地让对方去做。

在前面的小节中，王石谈到了授权，他的话还表达了如何明确授权中的责任，强调了明确责任或者审查在授权期间的重要性。他说过："尤其当公司壮大之后，授权就会变得非常重要，一旦授权就不要横加干涉，但不干涉并不意味着连监督机制都没有。管理者要把握好到底什么样的错误可以犯，哪些错误是致命的。比如在原则问题以及道德问题上，如果还用这种毫无约束力的信任，那就是对员工的放任。"在一次总裁班的讲座中，有一位知名企业家分享了自己授权的管理经验，有观众问这位企业家对"疑人不用、用人不疑"的看法。这位企业家当即回答："毫无疑问，用这种方式管理企业是走不下去的。"听到这里，又有观众问道："您不是一直倡导假定善意吗？那这和您的回答是不是自相矛盾啊？"这位企业家回答道："近年来，我确实一直在强调假定善意，并且这种假定得到的结果都是正面的。但是用在企业管理上，就要加之以辅助物，在道德层面假定善意，但在制度层面假定恶意。制度层面假定恶意是指在未出现问题时明确监管责任，出现问题后按照制度去解决。"王石"授权-管控"的方式刚好与上面这位企业家的做法不谋而合，已经被写进了万科的管理制度中。正是凭借这样的管理制度和管理流程，才造就了今天的万科。

对于企业而言，"授权"是一项必不可少的工作。授权，等于把某项重要工作交付下去。需要授权的工作，通常都是一些非常重要的工作，甚至在某些核心利益层面上，企业管理者还需要将部分"决策权"授权给其他人，这就需要企业管理者做好三项重要准备工作。

一、相信对方

虽然"疑人不用、用人不疑"这一说法需要辩证思考，但是一旦选择了授权，就要相信对方，不要总是怀疑对方，甚至担心对方做不好工作，无法完成既定的目标。正如有些足球教练已经确认11名首发队员大名单，甚至把队长袖标带到了某位球员的手臂上。但是，比赛结束后，这位新任命的队长因为没有带领球队赢得比赛，就被摘下袖标。这样的做法不但无法解决问题，还会打击球员的自信心。信任是一种力量，只有信任对方，对方才会珍惜这样的机会，进而拼尽全力去完成任务。相信对方，才能做到不干涉、不插手，才能让对方快速成长。

二、明确责任

企业管理者的授权，绝不会无缘无故地突然降临到某位员工身上。突然接受一项重要的任务，恐怕员工自己也没有底气。因此，在授权之前，企业管理者必须与员工进行详细的沟通，把所有的条件、流程、细则、资源等摆在面前，哪些事情可以做，哪些事情不可以做；哪些资源可以调动，哪些资源还需要授权调动；授权时间是多少；授权期间需要完成哪些工作。授权，并不仅仅只是签订一份授权协议书，而是把相关条例都写进授权协议书中，只有双方都认可，才能签订授权协议书。当然，也有许多企业的授权协议书并不是"授权"，其中写满了不合理的条款，拿到授权协议书的员工根本无法完成规定的计划和目标。授权必须要公平，只有公平，才能进行授权。当然，被授权的一方也不能毫无根据地提要求，这样就无法达成一致。

三、启动监督、审查程序

当授权工作完成之后，执行工作才启动，此时就需要启动监督、审查程序，对被授权人的工作展开长期的监督、评估，甚至审查。正如王石所言："你无法保证你的员工全部是天使，或者说，他们曾经是天使就能永远是天使吗？从制度上假定恶就是当恶还没有产生或欲望还没有产生时，就将其抑制住。你无法要求你的员工全部是天使，他也有魔鬼的一面。而我们的制度，就是要减少魔鬼这一面的释放。在万科，一位员工在总经理的岗位上只要连任超过三年，一定会有一段临时审计期，因为我们一般是三年进行一次调换。"

授权需要企业管理者做好的三项重要准备工作

- 相信对方
- 明确责任
- 启动监督、审查程序

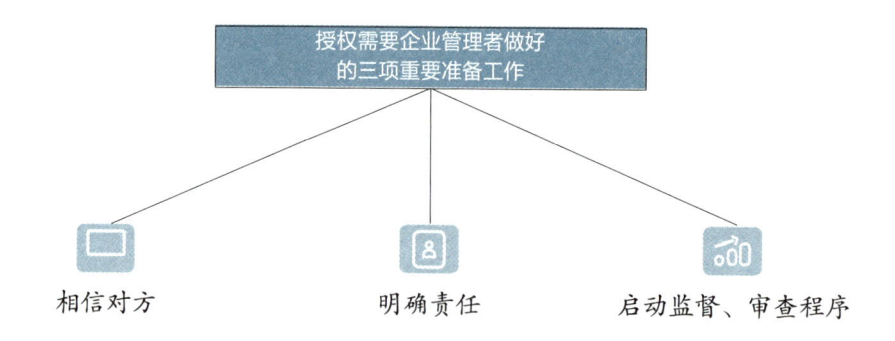

图 5-1　授权需要企业管理者做好的三项重要准备工作

做好授权工作并不难，授权的目的是更好、更有效率地完成工作计划，并且能够很好地完成培养、使用人才的目标，做好授权工作，只是需要管理者在授权时明确责任即可。

05　授权：按需放权

有些管理者在放权时非常"大方"，能够将完整的权限连同所有的"资源"交给员工或者接班人。但是，这样的做法是非常危险的。授权与控权是一门艺术，并不是放出去的越多越好。对于管理者而言，放权应该按需放权、适当放权。管理者更不能在放权后不再参与工作，当"甩手掌柜"。还有一些管理者喜欢"秋后算账"，常对员工说："放手做就好，但是一定要做好，做不好就会有严重后果。"其实，这些做法都是不合理、不科学的。

按需放权就是设置放权的限度，按照任务目标的需求，进行精准放权。给予过多的权限有时候会适得其反。有这样一个案例：

老王是一家企业的老板，朋友们都说他是一个豪爽的人，做事开放、敢于用人。有一年，老王投资3000万元开办了一家新公司，为此还招聘了一群年轻的大学生。为了选择优秀的管理人才，他采取"优中选优"的方式对年轻员工进行层层考核，最后终于找到了他认为最适合的员工。于是，他提升这名员工做分公司的副总经理，并且将分公司的所有经营权都下放给了这名员工。

这位年轻的副总经理刚刚26岁，只有两年普通岗位的管理经验。但是，老王却说："谁说年轻人就无法挑大梁？不试试怎么知道？"被委以重任的副总经理也向老王夸下海口，一定会把企业管理工作做好。由于缺乏管理经验，副总调动了许多总部的资源来充实、完善管理，然而，这样的做法并没有起到好的作用。

与此同时，副总经理在曾经的岗位上结交了一些关系比较亲近的员工，他在重要岗位上选择了这些"自己人"，而不是通过正常流程选择合适的员工。这种做法极其容易滋生腐败。后来，其中一个岗位出现了严重的责任事故，给企业造成了超过300万元的经济损失。经过调查，造成该责任事故的原因就是副总经理任命的"自己人"收受供应商贿赂，修改了合同内容。这样的事故与副总经理有很大的关系，如果不是他的错误选人，也就不会造成这样的后果。

副总经理并没有为分公司的管理与经营带来任何帮助，反而造成了很多负面影响：资源调配存在问题、经营部门与生产部门的衔接存在问题，甚至还存在大量的资源浪费问题，现场管理更是一塌糊涂。最后，老王只能撤掉他的职位，更换了一位经验丰富的管理者。

无限度的放权是非常危险的。俗话说："打江山易，守江山难。"一家企业发展了许多年，已经沉淀了足够深厚的文化土壤。企业管理者想要继续让企业发展下去，决不能做甩手掌柜，也不能盲目授权，要做到按需授权，或者根据项目进度及项目类型进行"单个"或者"逐项"授权，被授权人完成一项工作之后，再授权推进另一项工作。按需授权，才是"可控"的授权，"不可控"的授权存在极大的不确定性，极容易给企业带来危害。因此，需要企业管理者在"授权"时做好以下三件事：

一、关注"授权"细节

授权过程中存在着许多细节，有时甚至要把这些授权的细节内容呈现在授权协议书中。管理者在与被授权人签订授权协议书时，应该向被授权人全面解读授权协议，并要求被授权人自己来解读授权协议书，确认自己的权利和义务。

二、建立问话机制

授权之后，管理者要定期进行"问话"，决不能不闻不问，应该随时参与到授权的项目中来。建立问话机制，及时了解授权项目的进展，这种做法，既能监督被授权人的行为，又能督促项目进度，并且还可以在适当的时候给予支持与帮助。

三、强调权限

企业管理者一定要把"权限"交代清楚，有些被授权人因为不明确"底线"在哪里，很容易突破底线，造成企业的损失。

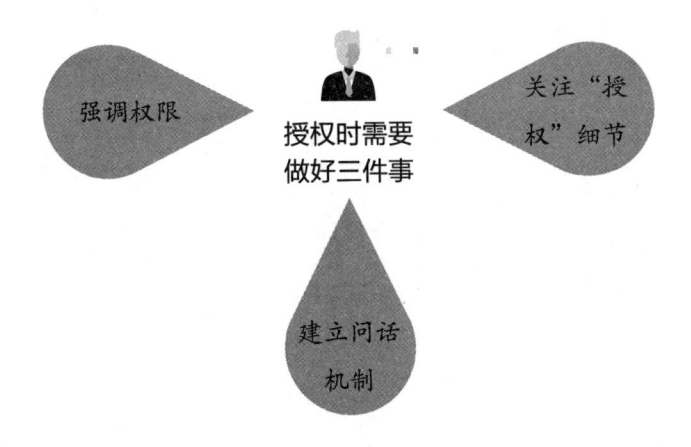

图 5-2　授权时需要做好三件事

企业管理者想要做好授权工作，既要授权，又要控权；既要大胆用人，又要强化监督与考核，这样才能做好人才培养工作和企业管理工作。

第六章

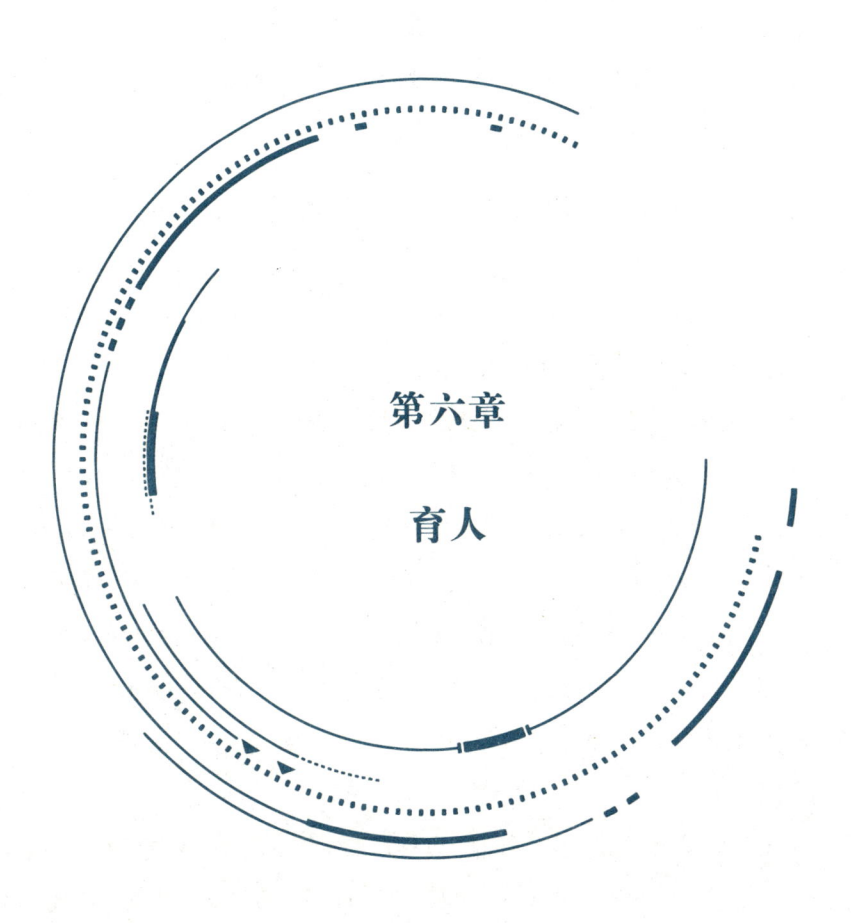

育人

01　建立和提升岗位胜任力模型

如今，现代企业的人力资源建设已经进入了一个"新时代"。不同的时代有不同的做法，多数世界五百强企业都有属于自己的一套"岗位胜任力模型"，对于那些年轻的企业，或者正处于快速发展的企业而言，企业管理者有必要打造一套属于自己的岗位胜任力模型。

什么是岗位胜任力模型呢？百度百科给出这样的解释："岗位胜任力模型是指根据岗位的工作要求，确保该岗位的人员能够顺利完成工作的个人特征结构，它可以是动机、特质、自我形象、态度或价值观、某领域知识、认知或行为技能，并且能显著区分优秀与一般绩效的个体特征的综合表现。"岗位胜任力模型的发明人是美国哈佛大学教授戴维·麦克米兰，其研究结果已经被广泛运用到各大企业中，并且在岗位分析、人才选拔、人才招聘、员工培训、员工考核及员工激励等方面发挥了重要作用。接下来，我们将从这几方面具体介绍岗位胜任力模型。

第一，岗位分析。岗位分析也可以称作工作分析，每一家企业都有许多岗位，当企业岗位与员工匹配度最高、最默契的时候，员工就能在岗位上发挥作用，岗位也能让员工展示其才能。无论是因人设岗，还是因岗设人，企业管理者都要进行岗位分析，为岗位选择最适合的员工。

第二，人才选拔。传统的人才选拔非常看重员工的学历和能力，如员工的毕业学历、工作经历、考取的技能证书、有无获奖经历等。实际上，除此之外，企业管理者还要对员工进行全方位的了解，包括员工的性格、潜能、价值观等。岗位胜任力模型可以帮助企业管理者找到最匹配的员工。

第三，人才招聘。人才招聘是一项非常重要的工作，所有的企业都要进行人才招聘，为企业补充新鲜血液。岗位胜任力模型同样可以为企业在人才招聘方面提供帮助，为企业找到需要的人才。

第四，员工培训。员工培训是企业内部培养人才的途径，许多人才都是通过企业内部培训得到了全方位的提升。岗位胜任力模型使企业培训更加全面、精准、人性化。换句话说，岗位胜任力模型也是员工培训模型。

第五，员工考核。企业采用的考核方法有很多，有的企业采用KPI关键指标考核法，有的企业采用360绩效考核法。无论企业管理者采用哪种方法考核员工，都要通过科学的体系去设计考核方法，并制订出具体的考核指标，而这项工作也需要企业管理者借助岗位胜任力模型去完成。

第六，员工激励。员工激励是在企业管理中非常重要的环节，员工需要激励，得到激励的员工能够更加积极地去工作。许多企业采取"奖金+绩效浮动+福利"的方式，有的企业选择"精神+物质"的方式，还有一些企业采取"股权分红"的方式激励员工。那么，岗位胜任力模型能够起到怎样的作用呢？它能为企业管理者在设计"激励机制"与"激励方案"时提供参考和依据以及科学而有效的方法。

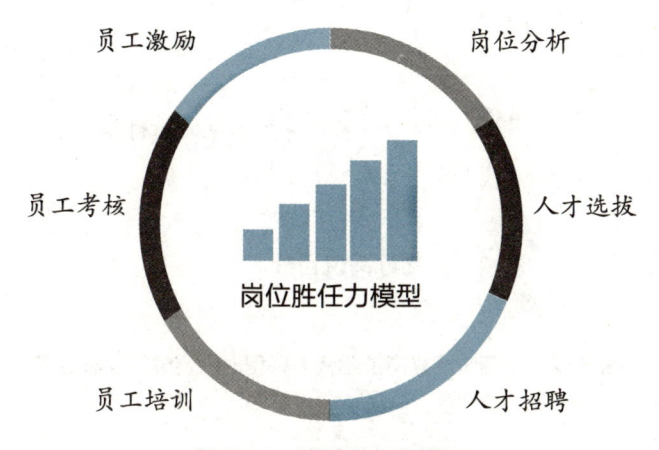

图6-1　岗位胜任力模型

那么，怎样才能设计出岗位胜任力模型呢？企业管理者需要做哪些方面的工作呢？有以下几点可以参考：

第一，制订岗位目标。制订岗位目标是第一步，也是最重要的一步。通常来说，所有企业都有自己的岗位目标，企业管理者需要将岗位目标进行细化，再形成初步的绩效方案，并形成"标准"。

第二，选取分析样本。一个企业岗位上，可能有多名员工，这些员工既有高绩效员工，又有普通绩效员工，调取他们的"胜任力数据"进行分析，再进行样本调查。样本调查的方法有很多，如观察法、专家小组法、走访调查法、行为事件访谈法、全方位行为评价法等，通过这些方法获取关键指标和数据。

第三，划分胜任力素质等级。虽然我们可以通过一些绩效数据将员工简单分为高绩效员工与普通绩效员工两部分，但这样的粗略划分是不够的，企业管理者还要充分利用所获取的数据，将岗位胜任力素质等级划分明确，许多企业划分为五级。

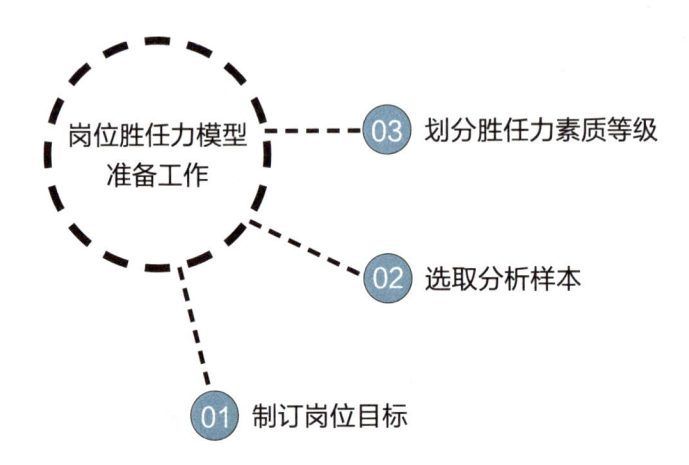

图6-2 管理者建立岗位胜任力模型时需要做的准备工作

当管理者做好上述三项准备工作之后，岗位胜任力模型就可以建立起来了，建立岗位胜任力模型的方法有很多，如冰山法、六维度模型法等，企业管理者还可以授权给专业的人力部门来建立和绘制岗位胜任力模型。

每家企业都应该有一套属于自己的人才建设体系，建立岗位胜任力模型仅仅是人才建设体系中的一个基础环节。俗话说："万丈高楼平地起。"企业管理者应该学会建立岗位胜任力模型来为接下来更为繁杂的工作做准备。

02　差异化培训

在企业中，培训是非常重要的一项工作。曾经有一位企业家这样说道："培训是企业发放的最好的福利。"许多企业员工因为培训而提高了技能，提升了能力。现实中，虽然有一些企业重视人才的培养，也经常邀请专家团队为员工进行培训，但却没有起到好的效果。那么，问题到底出在哪里呢？

有一家企业，拥有4000多名员工，企业管理者非常重视对员工的培训，经常聘请业内专家为员工授课。有一次，企业聘请了一位大学教授来为员工培训如何提高自己的专注力。从企业的角度来看，员工能够提高工作的专注力，提高工作效率；从老板个人的角度来看，他希望员工能创造更多效益，对他自己和员工都有利。于是，大学教授设计了一系列课程，连续培训一个月，并且以文件的形式下发到各个部门，要求所有员工都要参加学习，并且参加"结业考试"，并规定：考试未通过者，扣除当月奖金。

许多员工并不想参加这样的培训，尤其是生产线上的员工，他们的工作压力很大，这样的培训根本无法提高他们的劳动技能。用一名员工的话来说："这样的培训根本没有效果，还不如组织我们去其他企业学习，看看别人是怎么工作的。"但是迫于无奈，他们只好参加了培训。培训的课程几乎都是心理学方面的内容，对于绝大多数生产线上的员工而言，这样的培训无疑走个形式罢了。有些员工提出自己的看法，但是并未得到企业管理者的认可。

培训完成后，结业考试竟然是开卷考试，每名员工都能找到标准答案。最后，培训的教授虽然拿到了高薪，但员工却没有学到任何有益的内容，甚至还浪费了许多时间。一位部门管理者的话一针见血地指出："不同岗位的员工，应该培训不同的内容和项目，这种'一锅烩'式的培训怎么可能出效果？"是啊，支付了高额的培训费用，员工也牺牲了宝贵的工作时间，却没有从培训中得到任何提升，实在有些可惜。

这种"一锅烩"式的培训并不能起到良好的效果，甚至还会起到反作用。真正的培训是"个性化"的培训，是"量身打造"的培训。不同的员工，应该参加不同类型的培训；甚至不同性格的人，也应该参加不同风格的培训。培训要有针对性，既要实际，又要科学，这样的培训才能体现价值。

美国长寿公司有一句管理名言："每名员工都有自己的潜力，而公司的任务就是帮助员工挖掘潜力。"海尔集团是一家非常重视员工培训的企业，并且拥有一整套具有海尔特色的培训系统。海尔的培训可谓翔实而科学，个性而又有针对性，具体有以下几方面培训：

一、岗前培训

当新员工入职后，通常先进行岗前培训。岗前培训是非常重要的，可以帮助新员工快速适应岗位工作，找到归属感，融入企业这个大家庭中。

二、岗位培训

针对不同的岗位，设置了不同的岗位培训。岗位培训主要以岗位技能培训为主。岗位培训是必不可少的，也是一种差异化培训形式。

三、个人生涯规划培训

企业需要帮助每一名员工规划自己的职业生涯。海尔集团要求所有的部门领导为员工进行个人生涯规划培训，让每一名员工在工作中都能看到"希望"，甚至看到自己在企业中的前景，并制订出人生的目标计划，按照目标去努力。

四、转岗培训

许多员工都有过转岗经历，能够在某个岗位上工作一生，是非常罕见的。另外，企业发展需要更多复合型人才，企业管理者也会向员工提供转岗的机会，转岗对员工而言，也意味着人生的新机遇。在海尔，转岗培训也是一种个性化的培训方式，能够帮助企业培养出更多的复合型人才。

五、半脱产（脱产）培训

以前有许多企业会为员工提供脱产培训的机会，企业骨干员工利用脱产学习的机会，专心提升自己的能力或学历。随着时代的发展，完全脱产的培训福利已经一去不复返，取而代之的是半脱产培训。这种培训方式仍然受到广大员工的欢迎，员工有更多的精力去参加培训和学习。

六、国外培训

出国交流与学习，是国外培训的主体。企业管理者为员工提供出国交流学习的机会，开阔员工的视野，同样也能达到培训效果。

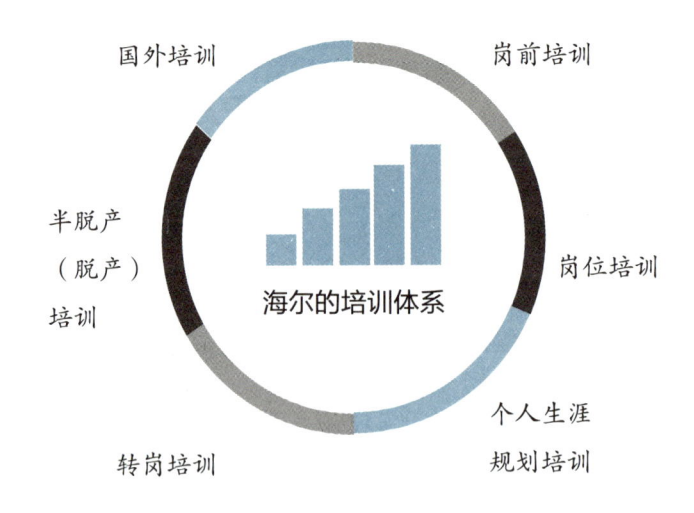

图 6-3 海尔的培训体系

只有差异化与精准化的培训,才能引发员工的学习兴趣,进而更加认真、专注地去学习。因此,企业管理者应该学习海尔集团这种成熟的、差异化的培训模式,打造更加完善的培训体系。

03 搭建学习体系

有些人把培训体系和学习体系混为一谈,其实学习体系是一个庞大的体系,它涵盖了具体的培训项目。每一家企业都应该拥有一套自己的学习体系,每一名员工都能够从学习体系中受益。俗话说"活到老,学到老"。企业中的每一名员工,包括管理者,都应该坚持不懈学习,用学习增强自己的市场竞争力。二十一世纪,是一个竞争十分激烈的时代,每个人都有非常强的竞争力，只有不断地学习才能确保企业能够在激烈的竞争中保有一席之地。

众所周知，华为是一家非常重视学习的企业，不仅有华为大学，还有一套缜密且科学的学习体系。不管是留在华为的人，还是离开华为的人，身上都有强大的华为DNA。换句话说，华为的学习体系等同于"造血系统"，为华为源源不断地输送人才。腾讯"第一管理"平台刊发了一篇名为《华为的人才体系：任正非这样管理19万员工！》的文章，文章中写道："在企业中，没有完美的个人，只有完美的团队。不管什么样的队伍，都要坚持八字方针:价值相同、优势互补。许多企业都非常重视人才培养，即内部人才的选拔、培养、使用和激励，但却忽视了企业生态发展的关键要素——人才生态。人才生态系统是三环结构，代表内部员工、外部伙伴和外部环境。华为是培养二线人才的成功典范。华为与数十家咨询公司合作，凭借他们的专业知识，华为很快从普通公司一跃成为世界级的公司。除了这些机构，华为还在多个不同领域聘请了包括营销、产品开发、供应链管理、人力资源管理和财务管理等独立专家顾问。在中国的大多数企业中，管理者的主要任务是带领团队实现工作目标，而中高级专家的主要任务是利用自己的专业知识实现工作目标。华为则不同。中高级人才在完成工作目标的同时，还要完成人才培养的目标。华为要求所有中高级管理人员接受TTT和Coach技术培训，并且必须通过培训考核。这样，员工除了参加各种生产培训外，还能够在工作中得到上级或专家一对一的指导和帮助，大大加快了员工的成长速度。另外，华为一半以上的内部会议都是学习会议，会议由管理者或专家分享成功及失败的经验教训。每月还会召开案例研讨会和经验交流会，利用会议帮助员工成长。"为什么要引用这段话呢？目的是借助华为的"经典案例"向广大读者介绍经验，其实这也是 "企业如何搭建学习体系"的经验，我们可以总结为三点：

一、培训基地和培训体系

在上一节中我们介绍了海尔的培训体系，其实，每一家企业都应该拥有自己的培训体系。培训是最为直接的培养人才的方式，甚至是一种"快速提升人才技能"的方式。华为的培训非常严谨，分为多个模块。《华为基本法》中写道："我们将持续的人力资源开发作为实现人力资源增值目标的重要条件，实行在职培训与脱产培训相结合、自我开发与教育开发相结合的培训方式。"华为的培训系统分为六部分，分别是新员工培训系统、技术培训系统、管理培训系统、营销培训系统、专业培训系统以及生产培训系统，涉及多种培训方法和培训内容，培训的质量非常高。

二、全员导师制

华为"全员导师制"的核心理念就是"一帮一"，华为前人事部部长陈珠芳曾经这样说道："华为的成功不是一个人的成功，而是一大批管理层及员工努力的结晶。"这种一帮一导师制并不仅仅是技能上的一帮一，还包括生活上的一帮一、思想上的一帮一。老员工有责任和义务帮助新员工融入企业文化之中，并且帮助他们在企业乃至社会中站稳脚跟。"全员导师制"非常值得广大企业管理者借鉴，这种一帮一的全员导师制有利于促进企业内部的团结，提升企业的凝聚力和团队的战斗力。

三、全员学习

许多企业管理者都致力于将企业打造为"学习型企业"，甚至把"全员学习"纳入企业发展战略中。华为总裁任正非说过这样一句话："任何人想要不被时代淘汰，唯一的办法就是学习、学习、再学习，实践、实践、再实践，只有取长补短，才能立于不败之地，否则一定会被淘汰。"对于企业管理者而言，除了要不断学习、不断提升外，还要打造企业学习文化，动员所有员工共同学习，甚至还可以把学习纳入考核管理体制中。

如果企业管理者能够打造完善的培训体系，建立"导师帮扶"系统，并且号召全体员工共同学习，创建学习型企业，就能帮助企业组建极具竞争力的人才队伍。

- 03 全员学习
- 02 全员导师制
- 01 培训基地和培训体系

华为的培训经验

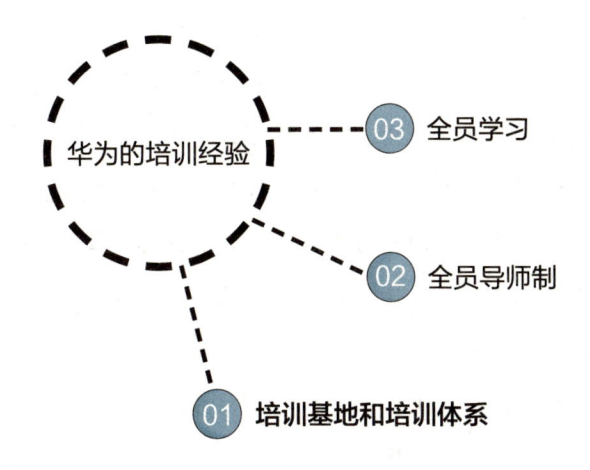

图 6-4　华为的培训经验

04　学习成果的落地实践

培训完成后，接下来就是将培训的成果转化为实践，只有将学习成果转化并落地，才能产生价值。许多企业都有员工培训，但是培训效果并不好。有些企业花费重金聘请专家，但却没有产生任何收益。

有一家大型化工企业，希望无论是在生产方面还是管理方面，都能进行相关的知识培训，以此得到提升。培训老师是位大学教授，有非常好的资历，讲课水平也很高。按理说，这样的老师去授课，一定能教出优秀的学生。最初，开展的是营销方面的培训。针对营销的培训，这位教授制订了一系列课程，这些课程都非常有针对性，一共分为四个篇章：

第一，建立客户档案。其实每家企业都应该建立客户档案，但是，许多企业的业务人员却没有这种意识。质量认证体系培训中就包含了建档和存档课程，要求业务员工学会按时记录客户往来情况及客户意见。

第二，建立产品出货记录。企业到底销售了多少产品？通常来说，业务人员都应该保留一份发票明细，然后将其记录在台账上。因此，记录台账也是业务人员必须要做的一项工作。许多企业都有管理软件，质量认证体系培训课程中也包括软件使用以及数据记录，通过课程学习，要求业务人员学会建立出货记录。

第三，风险防控。"业务口"也是"风险口"，许多企业出现经营问题，多半是"经营风险"所致，如严重拖欠货款、客户公司经营不善或者业务人员私吞货款等。业务人员只有加强道德建设，提高风险防控意识，才能将工作做好，并"挖潜增效"。

第四，危险源辨识。无论是生产部门还是经营部门，都存在各种各样的危险源，只有准确辨识危险源，才能杜绝事故的发生。如因办公室的电线电路老化，引发火灾，就会造成严重的责任事故。因此，危险源辨识也成为质量认证体系培训课程中重要的一部分。

以上四部分几乎涵盖了整个企业经营体系标准化管理的所有内容，是非常有意义的培训课程。培训持续了一个月，结束时还进行了"结业考试"，几乎所有参加培训的员工都通过了考试。按理说，这家企业应该会在经营管理方面获得提升，但是，该企业并没有得到提升，当质量认证体系工作完成之后，员工们又恢复到培训前的工作状态上，标准化工作目标并未得到执行。甚至连经营总经理都这样说道："其实培训就是为了应付检查，原来的管理方法并没有太多问题！"管理者都没有做出相应的改变，怎么能带领员工做出改变呢？

如何才能让培训的果实落地呢？从上面的例子中，我们可以看出，如果想要将培训结果真正落实，管理者一定要加强责任心，用实际行动去推动相关培训成果的转化，并监督员工去实施，而不是要求员工自己去转化。心理学家维克多·费兰克说过这样一句话："每个人都被生命询问，而他只有用自己的生命才能回答此问题，只有以'负责'来答复生命。因此，'能够负责'是人类存在最重要的本质。"管理者的责任心，是推动成果转化的关键所在。有人问："难道只有'负责'才能将培训转化为成果吗？"当然还包括其他要素。

一、建立平台

只有成果，却没有可以让成果展示的平台，这样也无法让成果落地。因此，企业管理者应该想办法搭建落实成果的平台，让参加培训的员工在该平台上进行展示。成果得到了展示，就会慢慢得到落实，并产生效益。许多企业只有培训，却没有与培训实践相关的平台，培训成果自然无法落地。

二、提供实践机会

为什么成果无法落实？还有一个重要因素，企业管理者没有为员工提供实践的机会。如果一名员工学习了"人工智能设备驾驶"，但是却没有相应的设备和岗位，自然无法进行实践，久而久之，他所学的内容就会被遗忘，成果也就无法转化。

三、适当激励

企业开展技术创新类培训，就是希望员工能够使用新技术，淘汰落后技术。但是，有些员工更加喜欢使用老技术，原因在于已经习惯了老技术。改掉旧习惯，养成新习惯，有时候还需要管理者进行适当的激励，用激励的方式提升员工转化成果的积极性。

图 6-5 将培训结果落实的重要因素

学习成果转化并落地是培训成功的标志。对于企业管理者而言，一定要加强责任心，推动培训成果的转化工作，这样才能将培训和学习成果落地。

第七章

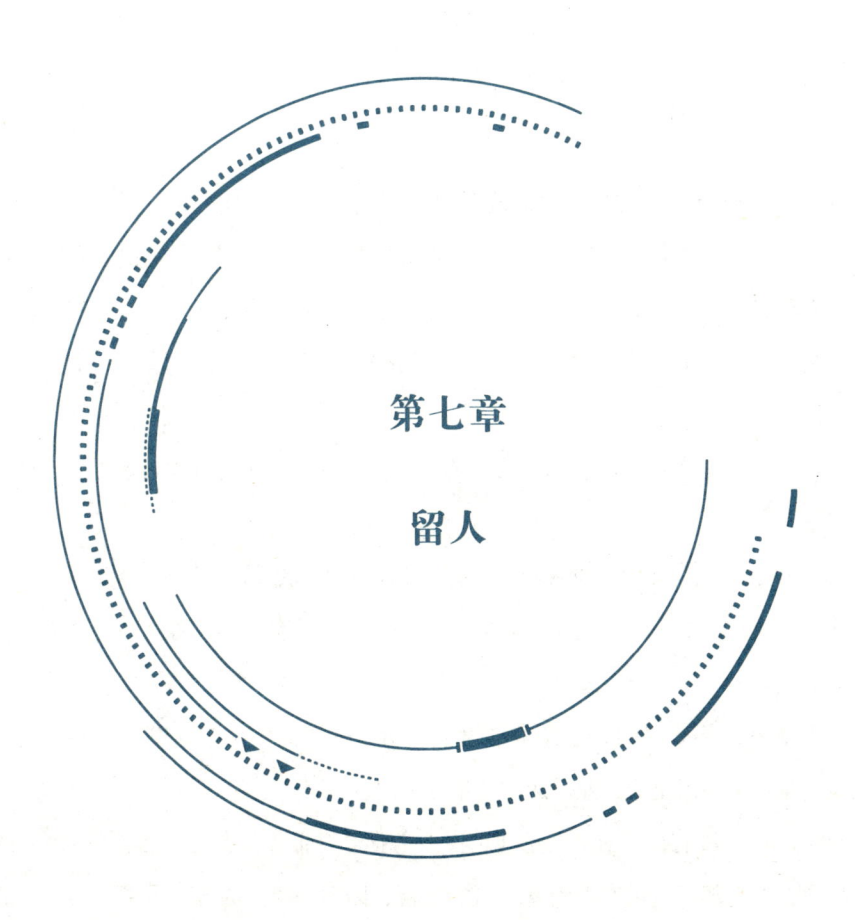

留人

01　激励是最好的留住人才的方式

有句话是这样说的:"激励是最好的留住人才的方式。"面对强大的市场竞争与人才竞争,只有留住人才,才能将核心竞争力留在自己的企业中。企业管理者想要做好管理工作,首先就是要留住人才。留住人才的方式有很多,最为常见的就是高薪。通常来说,员工选择离职,无外乎有以下六个方面的原因:

第一,薪资待遇没有达到员工的要求,通过换工作的方式寻求更好的薪资待遇。

第二,企业环境不符合员工的要求。对于大多数员工来说,企业环境的好坏直接决定了员工未来的发展方向。换句话说,没有一个人喜欢在一个管理混乱的企业中工作,不仅看不到职业前景,而且也无法正常工作。

第三,不公平的人才竞争环境迫使员工选择离开。在这里,需要强调一点,裙带关系严重的企业,通常留不住人才。

第四,没有得到应有的重视。许多企业员工非常有才华,渴望得到展示的机会,但是却迟迟没有得到管理者的重视,因而用离开的方式寻求展示才能的机会。

第五,失去工作的积极性。有人问:"为什么会失去工作动力和工作积极性呢?"原因有很多。工作环境不好、不公平竞争、分配不合理等,都会影响员工的积极性。企业管理者无法做到公平、公正,也会影响员工的工作积极性。为了重获"信心",员工也会选择离开原来的工作环境,换一个新的环境。

第六，没有归属感，无法与企业产生"情感纽带"。有一些企业奉行"实用主义"，这种文化枯燥乏味，而且机械，这样的企业同样留不住人才。通过这一点我们可以看出，企业文化对企业的意义多么重要。

当然，员工选择离开是一件非常无奈的事情。这就从侧面反映出，该企业留不住人才，也没有好的办法让其他员工继续留在这里。激励是企业福利，也是企业管理者留住人才的最好办法。有些企业管理者认为："把钱给足，员工就能留下！"金钱激励是一种方式，但是越来越多的案例说明了这样一个观点：高薪未必留得住人才。

什么是激励呢？激励是典型的管理学术语，作为一个管理学的重要词汇，百度百科给出的定义是这样的："激励就是组织及个人通过设计适当的奖酬形式和工作环境，以及一定的行为规范和惩罚性措施，借助信息沟通，来激发、引导、保持和规范组织及个人的行为，有效地实现组织及个人目标。"激励是一种管理工具，也是激发员工工作积极性的手段。几乎所有伟大的企业都采用了激励这一工具督促员工积极地工作。华为集团的激励机制包括文化激励、物质激励以及精神激励。微信公众号"全优绩效"发表了一篇名为《华为的员工激励机制：文化激励、物质激励、精神激励》的文章，文章中写道："企业文化是一种无形的激励力量，它可以潜移默化地激励员工共同奋斗，实现企业目标。华为的企业文化在我国的企业当中独树一帜，它的核心就是华为的'狼性文化'。华为的薪资待遇比大多数企业都具有竞争力，华为的高薪一方面使得大量的优秀人才聚集在华为；另一方面也激励了人才工作的积极性。此外，这样可以更进一步激励销售人员，使他们的个人业绩与团队业绩挂钩，以便有效地避免销售人员只重视当前的业绩，而忽视了与客户长期关系的维系。华为非常重视奖励对员工的激励作用，公司甚至为此专门成立了荣誉部，负责对员工的考核与奖励。无论员工在哪一方面取得进步，都可以得到荣誉部门给予的奖励。"从这段话中可以看出，华为是一家非常重视激励的企业，其激励机制是"三位一体"的，除了给予员工高薪，还不断改善工作环境，为员工提供更好的、更富挑战性的工作平台。

激励能够激发员工的工作积极性和创造力，激励可以增强员工的归属感，激励可以让员工不断学习、提升自己的竞争力。激励是最好的企业福利，更是最好的留住人才的方式。只有留住人才，企业才能持续发展；如果人才流失严重，该企业也将失去发展的动力。

02 信任是最好的激励

信任是人与人之间非常宝贵的关系，合作就是建立在信任的基础上的。如果没有信任，也就没有合作；即使有合作，这样的合作也是在"相互猜疑"中进行的。除此之外，信任还是最好的激励。

有一位企业家名叫孙浩，他经营着一家拥有几千名员工的生物制剂公司。孙浩并不是生物学专家，在专业上，他就将相关工作授权给自己的员工。孙浩的生物制剂公司拥有强大的研发能力，甚至在公司内部建立了博士生流动站，为公司源源不断地输送高级人才。孙浩最擅长的方面是管理。他认为："管理的前提是信任，信任对方，对方通常也不会让你失望。"

该公司曾研发了一款针对某种疾病的生物制剂，并且获得了多项专利。研发团队在研发的关键时刻，遇到了一些困难。了解到情况的孙浩来到实验室为研发专家们鼓励："出了问题不要紧，还有我。我相信你们肯定能解决这个问题。任何一项伟大的发明，都要经历坎坷。我是一个外行，你们是专家。如果我不相信你们，难道还能亲自上阵解决问题？你们是公司的财富，关键时刻我更要支持你们，做你们的后援。"

在孙浩的鼎力支持下，研发团队找到了问题所在，并取得了重大突破，为新产品的研发与上市扫清了障碍。几个月后，这款市场竞争力极强的生物制剂上市了，并且为该公司创造了巨大财富。孙浩的信任就是对团队成员的支持与激励。

在这里，我们还要提一提联想集团柳传志与杨元庆的故事。众所周知，联想集团是柳传志一手创建的企业，而杨元庆是柳传志一手培养起来的经理人。杨元庆上任CEO之后做出了一系列让人难以理解的行为，甚至让诸多内行人都看不懂他的想法，包括"海外并购"等多个项目都遭到了外界的疯狂质疑，联想集团的市场业务也遭遇到严重的下滑。面对这样的状况，柳传志并没有质疑杨元庆，而是信任他、支持他。早在2009年，中央电视台《经济半小时》栏目记者就曾因"联想海外并购"一事对柳传志进行了访问（对话引自"凤凰资讯"频道《柳传志：其实我是后勤部长，未对杨元庆失去信任》一文）。

记者："外界有一些揣测，大家都在说柳传志的复出，说明他对杨元庆失去了信任。"

柳传志："并不是这样的，其实工作的重心仍然是在CEO的身上，这次调整以后，三年后做的好不好，亮点应该是在杨元庆身上。好或不好都是他工作的具体体现，我只是在背后当后勤部长，我说的后勤部长也不是谦辞，实际上就是这么回事，所以重点应该是在他身上。"

记者："如果在重大决策中，杨元庆和您的看法不一致，最后会以谁为准？"

柳传志："我们从来都是双方共同研究，任何决策都以企业利益为第一位，这是我们的共同出发点，也是最重要的一点。"

记者："您是指并不是因为金融危机打断了你们的安排，而是金融危机给你们带来了新的机遇？"

柳传志："也可以这么理解。金融危机出现的这个时机，我们正要加强新兴市场和中国的业务，要加大消费类的业务，这正是杨元庆的长项。这时，董事会再讨论这个议题，意见就更容易得到统一，也更容易得到原CEO阿梅里奥的支持，他也觉得这个时机正合适，正好他的三年任期已满，在这几个因素共同作用下达到了目前的这个局面。"

柳传志与杨元庆的关系亦师亦友，柳传志曾经这样评价杨元庆："他目标明确，心怀坦荡，不管什么看法都会放到桌面上来，丝毫不隐瞒自己的观点，疾恶如仇，几乎没有抽烟、喝酒等不良嗜好，一切都按规章制度办事。他非常爱学习，每天坚持了解专业技术、企业管理、各种信息资料。所以，他的知识底蕴非常深厚。而且他还善于总结经验教训，能根据实际情况及时调整策略，可塑性非常强。"可以说，这样的评价是非常高的。与此同时，因为信任而走上联想集团董事长之位的杨元庆也心怀感恩、不辱使命，带领联想走向了国际化道路，这也正是杨元庆这一代联想人的贡献。他是这样评价柳传志的："柳总真的是放权放得很充分，给年轻人宽广的施展舞台。"因为有了柳传志与杨元庆的这种信任关系，才有了世界五百强的联想。换句话说，信任对方，才能让对方大展拳脚，才有可能使企业产生革命性的"蜕变"。

03 情感激励，让员工更忠诚

有时候，物质上的激励也许不如情感激励更加有效。信任是一种情感激励，也是一种精神激励。

有一支足球队，因俱乐部遭遇经济危机，球队面临解散的局面。可就是在这样的情况下，这支球队仍旧保持着良好的竞技状态，在赛场上踢出了好成绩。这支足球队的主教练非常注重精神激励，开赛之前，他在更衣室里对球员们说："每一场比赛都可能是我们最后一场比赛，每一场比赛都意味着'即将结束'。你们是这支球队的主人，你们对这支球队的贡献已经足够多，你们才是这支球队的主角，而我只是那个'递毛巾'的人。我知道你们会珍惜赛场上的每一分钟，甚至是留在这支球队中的每一分钟。如果明天球队解散，大家可能会去往不同的俱乐部，见面或许依旧还是朋友。但是在赛场上，我们将会变成对手。我知道对于今天的这场比赛，你们会有巨大的勇气踢完并赢得最终的胜利。"

当主教练这番悲壮的精神激励说完后，球员将自己的拳头叠放在一起，异口同声地说："我们一定能拿下比赛。"上场之后，球员展示出了强大的竞技状态，拼抢积极，进攻犀利，防守强悍。在激烈的对抗中逐渐占据了主动，最后战胜强敌，赢得了这场比赛。对于一支经营困难的球队而言，踢出这样的成绩已经是个奇迹。

比赛结束之后，主教练拥抱了每一名球员。在赛后的新闻发布会上，主教练这样回答记者："当你所在的俱乐部遭遇种种困难，而球员在赛场上表现出如此好的技战术能力时，这是主教练之幸。没有他们，也就没有这支队伍，我非常感谢他们。"球员们听到主教练的发言之后，也非常感动。他们纷纷表示："只要球队没有解散，就继续努力踢下去。"

优秀的管理者同样也是精神激励大师，许多NBA主教练就具备这样的特点。前骑士队的主教练泰伦·卢有这样一句名言："人生中最重要的两天，第一天是你出生的那天，第二天是你知道自己为何而生的那天。我认为我们的球队就是为冠军而生的。"泰伦·卢是一位典型的"鸡汤"教练，但是他激励球员的"鸡汤"总是能够在关键时刻发挥作用。正如平台"探球说爱"的作者在《一人一句！来自NBA主帅们的十大经典金句》的文章中写道："在过去十年的时间里，如果选出最热衷为队员灌鸡汤的NBA主帅，泰伦·卢认第二，那么绝对没有人敢认第一。回到2015—2016赛季总决赛上，骑士队以1：3的比分落后于金州勇士队。在总决赛第五场比赛开赛之前，泰伦·卢引用马克·吐温的话来激励众将士，在更衣室中把队员们的士气调动起来，鼓励他们为接下来的比赛努力。后来的事情，大家都知道了，骑士队完成了NBA历史上前所未有的总决赛大逆转，而泰伦·卢激情演讲的片段则一遍又一遍地在网络上被人们重温。"

情感激励是一种精神激励，它能够使企业的管理更加人性化，也能让员工感受到温馨和温暖。在像家一样温暖的企业中工作，会逐渐产生一种归属感。什么是情感激励呢？情感激励的英文名称是Emotional Encouraging，百度百科给出这样的解释："一个人平时表现出的工作能力与经过激励可能达到的工作能力存在着50%左右的差异。由此可见人们的潜能是多么巨大！这就要求企业管理者既要抓好各种规范化、制度化的刚性管理，又要注意各种随机性因素，注重感情的投入和交流，注重人际关系互动，充分发挥'情感激励'的作用。"情感激励主要表现在以下五个方面：

第一，管理者要适当地与员工打成一片；这也是一种情感激励形式，能够让员工感受到管理者的温度。

第二，管理者在布置任务的时候采取"发问式"激励进行任务布置，可以强调任务的难易性，询问员工在执行任务的过程中是否需要帮助。

第三，授权是一种激励，也是一种信任。在前面的章节中，我们讲到了授权与信任，本章节不再赘述。

第四，邀请员工参与企业重大事件的决策工作，这也是一种精神激励和情感激励。

第五，用"宽容激励"方式缓解管理者与执行者之间的矛盾，宽容同样是一种情感激励。

情感激励是一种"情感催化剂"，它能够给员工带来鼓舞，也能唤醒员工的战斗力。因此，企业管理者要善用情感激励来激励员工。

04 合理的激励，让员工价值最大化

激励要适量，更要合理。不合理的激励，无法起到激励的作用。

有一家企业，企业管理者为了提高员工的工作积极性和劳动绩效，于是设置了"任务奖"进行激励。什么是任务奖呢？如果员工完成了本月的任务要求，就会在原有的工资奖金基础上，再奖励1000元。如果超出任务要求，则按照15%的比例进行返还。设置任务奖之后，员工马上提高了工作积极性，甚至主动要求加班。

到了月底进行结算时，几乎所有员工都拿到了"任务奖"，甚至有些岗位员工还拿到了接近两万元的奖金。员工们拿到了奖励，工作更加积极了，工作态度也更好了。此时，有一位股东要求提高第二个月的任务目标。任务目标提高了，完成难度自然也就提高了。第二个月结束后，大部分员工没有拿到"任务奖"，他们大失所望。有一位员工非常生气地说："老板的这种做法太过分了，看到业绩上去了，就提升奖励门槛。瞧着吧，下个月不会再有人继续这样傻干了。"

到了第三个月，员工除了完成基本任务之外，工作积极性并不高，也没有人再去主动加班，各项指标都开始回落。此时，企业管理者似乎对

奖励政策失去了耐心，取消了"任务奖"。这种虎头蛇尾的、不公平的激励，最后以失败告终。

有一位企业家说道："激励应该始终如一，更要按时兑现，不能将'激励'当成一种'绑架'，或者施恩。员工付出了心血，就应该奖励、激励，不能用'激励'的手段榨取员工的潜能。"每个人都有一个"极限值"，超出"极限值"范畴的奖励既不科学也不合理。那么，怎样的激励才算科学、合理呢？企业管理者需要做到以下四方面：

一、激励要及时兑现

有一些企业并不能如约兑现奖励，这样的案例比比皆是。有一家企业，约定奖励"超产奖"，超出部分按照一定的"价值"进行返现。等员工完成了"超产任务"之后，该企业管理者总是以各种理由延发奖金。有一位内部人士说："超产奖金额有些高，老板'反悔'了。"如果激励不能及时兑现，相当于企业管理者在欺骗员工。这种欺骗是相当"致命"的，这会导致企业管理者的名声扫地，企业形象也会受到损害。企业管理者在激励员工时，一定要按时、按量去兑现，这是"信用"问题，企业管理者一定要遵守承诺。

二、激励制度要公平

有些企业遭遇经营问题，找到原因后会放大这个"核心并且关键"的问题，因此也会制订相应的措施来解决这个问题。有些企业面临营销困难，就会加大营销方面的奖励，就像某企业管理者承诺的那样："只要能把商品都卖完了，公司一定会给予高额的奖励。"通常来说，这种激励方式是有效的，甚至会快速解决问题。但是问题解决之后，激励就会取消。还有一些企业，制订了不公平的激励方式，如员工超额完成任务奖励1000元，而该部门的管理者却奖励1万元。员工是具体的执行人，管理者是管理岗位上的执行人。这样的奖励是不公平的，不公平的激励同样无法达到激励作用。

三、激励对应的工作要合理

有些工作难度非常大，即使采取了激励措施，也不一定能够起到激励作用。比如，某企业研发了一款新产品，企业管理者为了激励销售人员，提出了一套奖励方案：如果三个月内将该产品快速铺向市场，就给予奖金和升职的奖励。其实，这样的奖励是非常有吸引力的，但是对于区域经理而言，他们却认为这样的做法并不现实，其中有一位区域经理这样说道："一款新产品上市，需要半年到一年的市场反馈，才能逐渐占有市场。三个月就想推广、覆盖市场，几乎是不可能的。"最后事实证明，这样的激励并没有生效，该企业研发的这款新产品通过两年时间的力推，才逐渐占领了市场。与激励对应的工作要合情合理，并不是任何激励都能让员工充满干劲地完成任务。

四、激励方式不能单一

某企业老板的激励方式简单直接：现金奖励。只要员工超额完成任务，就用"发放现金"的方式去激励。但是，许多员工还有其他方面的追求，纯物质激励随着时间的延长而效果逐渐变差。因此，企业管理者要多设计一些激励方式，切莫只使用一种。

企业管理者要制订科学、合理的激励方式，激励和奖励的兑现要及时，更要让激励机制对应合理的工作。只有这样，才能做好激励工作。

科学合理的激励方式 ▶ 激励要及时兑现；
激励制度要公平；
激励对应的工作要合理；
激励方式不能单一。

图 7-1　科学合理的激励方式

05　挫折与危机教育也是激励

激励的类型有很多，有正面激励，还有负面激励。有人说："负面激励根本就是惩罚！"其实不然。负面激励不是"棍棒教育"，而是一种激励方式。人民论坛曾经刊发了一篇名为《为负面激励的"蜗牛奖"点赞》的文章，文章中写道："'作风建设永远在路上，永远没有休止符。'近日，在浙江省丽水市缙云县2020年项目推进点评会上，有两家单位因推进改革项目工作缓慢，被县委、县政府颁发'蜗牛奖'。'蜗牛奖'的设置，旨在激励和鞭策某些办事比蜗牛还慢的'庸懒散浮拖'的部门，唤醒他们'知耻而后勇'的进取心，起到负面激励的效果。"颁发蜗牛奖是一种负面激励，讽刺这种"等""靠""要"的作风，以此起到鞭策作用。除了这样的负面激励之外，挫折教育和危机教育也是一种激励，让"自负"的人感受到挫折和危机，引起他们的注意和警惕。

一、挫折教育

什么是挫折教育呢？百度百科给出这样的定义："挫折教育是指让受教育者在受教育的过程中遭受挫折，从而激发受教育者的潜能，以达到使受教育者切实掌握知识并增强抗挫折能力的目的。在教育过程中，对受教育者进行挫折教育是非常有必要的。许多到达光辉顶点的人往往不是最聪明的，而是那些在生活中遭受挫折的人，这是因为，那些自认为聪明的人往往会选择走一些所谓的'捷径'，而这些所谓的'捷径'往往会让人失去一些非常有意义的锻炼机会；而那些生活在逆境中、饱经风霜的人，才更能深刻理解什么叫成功。"挫折教育并不仅仅在儿童教学中使用，还可以运用到企业管理中。企业管理者应当掌握挫折教育的教学方法，并将挫折教育融入员工激励当中去。许多员工都会在企业中遭受挫折，那么，企业管理者应该怎样做呢？

（1）让员工正视挫折。人生就是在挫折中前行，企业管理者应该让受到挫折的员工正面认识挫折，挫折与失败相似，"失败乃成功之母"，人们通过挫折，才能认识到自己的不足，并且从中学到经验。与此同时，企业管理者应当让员工们认识到：挫折并不可怕，它完全可以被克服。

（2）让员工克服挫折。人们遭受挫折可能有诸多因素，有自身因素，也有不可抗拒的因素。如果是自身因素，员工需要找到问题的关键所在，再改正自己的错误，克服自己的缺陷，最后提升自信心，攻克难关。

（3）让员工远离挫折。有些"困局"完全可以避开，甚至还可以找到更为快捷、便利的通道完成目标。这就需要管理者培养员工的"观察能力"和"思考能力"，通过观察和思考远离挫折。

（4）让员工从挫折中学习经验。既然遭受了挫折，就需要从挫折中学习，自己为什么失败？原因是什么？如何才能找到成功之道？

```
遭受挫折         <<<   员工   >>>    让员工正视挫折;
之后                              让员工克服挫折;
                                 让员工远离挫折;
                                 让员工从挫折中学习经验。
```

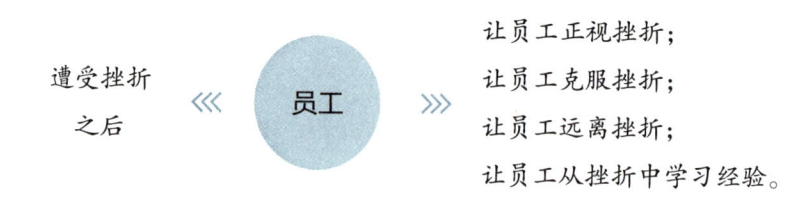

图 7-2　员工遭受挫折之后管理者的做法

二、危机教育

危机教育也是一种常见的教学法，许多企业管理者运用危机教育激励员工。什么是危机教育呢？危机教育就是借助"危机事件"让员工正确认识危机，并且能够从危机中找到正确的解决方法，继而起到激励作用。作者"教体育的尹老师"发表了一篇名为《危机教育应该成为未来教育的一部分》的文章，文章中写了这样一段话："2008年四川发生了震惊中外的'5·12'汶川地震，造成了许多学校师生的重大伤亡。但是有一所学校例外，就是四川安县桑枣中学。虽然桑枣中学的校舍遭受重创，但是全校学生2200多人、数百名教职员工从各个不同位置井然有序地撤离到安全区域，仅仅用了1分36秒，创造了本次特大自然灾害中零伤亡的奇迹。据资料显示，该校从2005年起，每学期都要进行应对灾害的紧急疏散演练，而此次地震发生后，师生的逃生过程、疏散模式及结果与平时的演练基本相同。由此可以知道，危机教育要重视平时的训练，只有平时进行了有效的演练，才能在突发的灾害中有效地规避危机来临时的伤亡风险。"文章中的这段话讲的是真实的故事，这也说明四川安县桑枣中学通过开展危机教育，让学生们在地震来临时，遇事不慌，用最正确的方式安全撤离到安全区域。新冠肺炎疫情也给诸多企业、组织带来了危机，企业管理者恰恰可以通过这次危机进行激励。比如，如何在疫情来临时隔离、自救；如何在疫情引发的经济困局中解决问题，提升企业的核心竞争力等。

企业管理者需要掌握危机教育法和挫折教育法，在企业内部对员工进行危机教育和挫折教育，提升他们的应变能力和解决问题的能力。员工的能力得到提升，就会在此基础上建立自信，进而提升企业的业绩及竞争力。

06 前瞻性的激励，让员工看到前景

激励要恰当、合理，并且要能够使员工看到前景。有一位企业家这样说道："只有让员工看到自己未来的'景象'，他才会拼尽全力去工作。"

山东有一家上市公司，企业老板是一个非常擅长"激励"的人。他的主力干将几乎都是他一手提拔上来的。十年前，他来到车间，看到一个刚刚入职，工作十分积极的年轻人，他鼓励这名员工，说道："你的工作很好，如果坚持下去，一定能当上车间主任。"年轻人还不知道与他对话的就是董事长，刚开始还有些懵懂茫然。后来，车间副主任对他说："他是我们公司的老板，他看好你，让你好好干，你可不要让他失望。"

就这样，老板的一句话如同种子般埋在了年轻人的心里。年轻人仿佛看到了十年后的自己。于是他工作更加积极努力，还不断提升自己的技术。很快，年轻人以"高级技师"的身份被任命为某车间的主任。车间主任采用的是年薪制，年轻人的经济状况也有了明显的改善。后来，老板找到这个年轻人谈话："你的工作和技术，匹配你现在的职位。如果你还能继续提升技能，我想，'接班人'也未必不可能。"年轻人将老板的这番激励牢牢地放在了心上，他继续努力工作，提升自己的综合能力。

企业老板仿佛在他的身上看到了自己年轻时候的影子，工作积极、拼命，团结群众，没有任何不良嗜好。年轻人充满活力的状态，让他在人群中闪闪发光。如今，年轻人已经是这家企业的副总裁，也是企业的重要合伙人之一。企业老板不仅擅长激励，而且还懂得放权，部门的"掌权者"并没有因权力大而滥用权力，他们能很好地把握尺度，为企业贡献力量。

企业管理者让员工看到未来的前景，比每个月奖励他1000元钱还要有意义。如果一个积极工作的年轻人看不到未来的样子，甚至也不确定自己是否能够长期在这里工作下去，就会越来越迷茫。搜狐网有一篇名为《适当激励，让干部心不寒》的文章，文章中写道："基层工作有了组织的支持和指导，干部才能干有所得、干有所成；基层干部有了群众的认可和肯定，干部才能获得成就感、自豪感。组织应当做好积极引导和正面宣传的工作，为真正有担当、有作为的干部争取更多认同。正是组织和群众的认同，才让基层干部哪怕为工作'白了头'，也坚定地相信自己的'一腔热血没有付出东流'。激励，让基层干部心不寒。"适当激励，如同管理的"活性剂"，让员工或者基层管理者感到温暖。

某企业管理者特别擅长激励。有一年，他打算选择几位储备干部，为企业储备一些管理方面的人才。于是，他去各个部门调查走访，了解许多年轻人的工作情况。有一次，他在企划部门看到一位年轻的博士生，主要负责员工的编制工作。换句话说，这个年轻人从事着非常重要的工作，而且工作一丝不苟、非常认真。

管理者决定对这个年轻人进行深度考察，于是他开始走访调查，观察这个年轻人的工作表现。有一次加班时，这个年轻人还一直保持干劲、充满热情。管理者对年轻人的工作表现非常满意，于是激励他："好好干，我还会有更重要的工作交给你。"这句话鼓舞了年轻人，让他工作更加热情、积极，能够放开手脚去施展自己的才能。

不久之后，企业成立了一家分公司。分公司的"人事组建"项目完全交给了这个年轻人。老板对他说："我相信自己的眼光，你一定能完成这项重要的任务。"年轻人每天都去各个部门沟通、了解，工作进展十分顺利。半年之后，分公司的所有人事问题都已经解决，而且人力资源的优化工作也非常到位，体现了有岗有人、岗变人变的制度，而且让最合适的人出现在最合适的岗位上。此时，一纸聘书送到了年轻人的手里，他被企业管理者提升为分公司的人力总监，负责分公司的人事企划管理工作。管理者如期兑现了自己的承诺，年轻人的奋斗也打动了企业管理者。

鼓励和表扬胜过批评，适当的激励比盲目强调绩效更加有效。因此，企业管理者要善用激励，对员工进行适当的激励，同时也要让员工看到自己的前景。只有这样，员工才能积极工作。

07 激励要有"绩效考核"

激励不是一句空话，还需要有绩效考核将它落实。许多企业采取的激励方案是绩效激励。把激励纳入绩效中，只要员工完成绩效任务，就会按照激励机制进行奖励。

有一家外贸企业，疫情来临后，外贸订单锐减，企业效益严重下滑。为了解决经营难题，老板吴永浩决定提升内贸订单比例，将海外贸易的重心转移到国内贸易中来。吴永浩为了提升业务人员的工作积极性，借助他们的"冲劲儿"打开市场，于是制订了一套激励方案，并且将方案纳入绩效考核中。吴永浩说："我们给销售人员制订的绩效指标并没有变，只是在'游戏规则'上做了一下调整。比如，如果完成常规指标，就可以拿到绩效奖金；如果超过常规指标10%，按照销售总额的5%进行奖励；如果超过常规指标20%，按照销售总额的7%进行奖励。与此同时，季度绩效冠军将获得价值15万元的家庭轿车一辆；年度绩效冠军还将获得价值50万元的豪华轿车一辆。"看到这样的奖励，员工们精神振奋，拼命开发市场。

有一个名叫陈天的年轻业务员工作非常积极，每天往返于市场，他用一个月的时间架构了一套市场营销网络，并发展了区域代理商。最终，陈天凭借自己的努力拿到了季度绩效冠军，得到了家庭轿车的奖励。与此同时，他每个月都超出绩效指标的20%，这样每个月还可以得到3万多元的绩效奖金。许多业务人员看到陈天的业绩之后，也暗自努力希望获得同样的奖励。该公司营销部门17名业务人员不仅超额完成了任务，而且很快帮助企业扭亏为盈。一家外贸企业转变成内贸企业，而且内贸订单越来越多，企业效益越来越好。企业老板吴永浩是一个非常懂得激励的人，也非常珍惜人才。业务员陈天不仅拿到了季度绩效冠军，而且还拿到了年度绩效冠军，是企业不可多得的人才。吴永浩任命陈天担任销售副总监，主要负责国内营销业务。同时，吴永浩并没有放弃海外业务，通过绩效奖励等方式，鼓励业务人员提升海外贸易订单。如今，该企业内贸与外贸做得都非常好，企业蒸蒸日上。

世界上大多数的著名企业都采取了绩效激励的方式来激励员工。华为集团的绩效激励体系在国内首屈一指。华为前副总裁周辉曾经写过一篇名为《华为的绩效体系全曝光，看完感叹：不服不行》的文章，文章中写道：

"很多公司在做预算时，一直给员工安排任务，这就等于'逼着'员工去工作。华为的做法恰好相反。只有一条规定：首先为他提供一个'工资包'，根据他期望的工资金额，按比例倒推出他的任务。例如，给他制订了500万的工资包，他的工资应该是30万元，那么他必然会为这30万元去想办法完成绩效任务。公司最核心的管理问题，就是一定要把企业的组织绩效、部门费用以及员工收入相关联。最重要的是提高核心员工的收入，提高核心员工的收入，可以倒逼他提高业务能力。企业要考虑员工的生活问题，帮助员工提高生活质量。员工有钱却没时间花，这是企业最幸福的事情。而企业最痛苦的是什么呢？低收入的员工很多，所有员工都无所事事，有时间却没钱。所以在华为，强制规定必须提高核心员工工资，从而倒推他要完成的工作。每年的考核中，完成任务的前20名员工，增加20%的工资，中间的20名员工增加10%。总体任务超额完成了10%，再提高团队10%比例的员工的收入。此外，即使部门做得差，也要提高员工工资，但是可以通过减少人员的方法降低成本。"华为的这套激励机制非常先进，也很人性化，而且能够起到激励的作用。激励与绩效相结合，可以激发出员工的潜能。如果只有激励没有绩效，也就无法衡量员工的贡献。因此，只有将员工的贡献与绩效结合在一起，激励的效果才能体现出来。许多企业管理者都向优秀员工承诺："只要你的绩效足够好，经济上有奖励，事业上也会有奖励。"这种"经济上实惠，精神上光荣"的激励做法完全可以写进绩效管理体系中，绩效考核的指标线就是"激励线"，高于指标线就要进行实实在在的奖励；低于指标线，也不要惩罚，管理者需要参与进来，帮助没有完成绩效任务的员工查找问题、解决问题，帮助他们一起完成绩效任务。

企业管理者与员工是合作关系，也是共赢关系，企业管理者激励员工，也是一种激励自己、肯定自己的行为。将激励写进企业管理战略中，让激励机制在企业中发挥作用，企业管理者就一定要将激励与绩效结合在一起。

第八章

团队法则

无论是新组建的团队还是已经磨合多年的团队都会或多或少存在一些问题，总结起来，就如兰西奥尼在他的《克服团队的五大障碍》一书中写到的，归纳为五点：信任、冲突、承诺、责任、结果。而作为团队的领导者，我们应该制订自己的团队法则。

01　制订团队大方向

企业依靠团队，企业管理者也需要团队进行运营管理。当今时代已经不是"孤胆英雄"的时代，企业发展需要企业管理者携手其他执行人一起完成企业"管理—执行"的工作。小米科技是一颗冉冉上升的商业新星，创始人雷军有"雷布斯"的称号。小米科技同样拥有一支管理团队，这支管理团队一共拥有15名成员，雷军在自己的微博上公开表示："虽然小米几乎每个月都有高管加入，但实际上公司的高管团队并不多，除了创始人，小米集团其实仅仅只有15位高管。这些核心高管中，有合伙人4位，分别是：王翔、周受资、张峰、卢伟冰。而集团副总裁有11位，分别是：尚进、Manu、颜克胜、崔宝秋、何勇、常程、高自光、杨柘、曾学忠、彭志斌、林世伟。"雷军是小米科技的创始人，也是小米科技的董事长。经常出现在媒体镜头中的卢伟冰则是小米科技的高级副总裁，主要负责中国区的产品销售业务。如果一名企业管理者想要带领企业走向成功的道路，就需要像雷军这样，拥有自己的管理团队。

在企业中，团队是必不可少的，许多企业管理者都有自己的团队，团队成员分别负责不同的工作内容，且责任、目标落实到具体的个人身上。但是，企业管理者想要打造一支管理团队，还需要提前制订团队方向。什么是团队方向呢？团队方向，就是团队的发展目标。企业管理者如何才能制订并实现这个目标呢？企业管理者需要做哪些工作呢？大概有以下六点：

一、达成共识

无论制订怎样的目标，管理者都需要与团队成员达成共识。如果无法达成共识，也就无法制订团队目标。许多管理者把自己当成企业中的"皇帝"，说一不二。然而，当他制订的目标只符合自己的利益而有损于团队利益时，团队管理中就会出现严重问题。因此，管理者要与团队成员达成共识，管理者的利益与团队利益一致时，才能启动团队目标的制订工作。

二、目标明确

团队目标是一个具体而清晰的目标，不能是抽象而模糊的目标。比如，某企业管理者制订的团队目标是在一年内完善企业整体管理；三年内实现管理升级；五年内帮助企业上市；十年内，把企业发展成具有世界影响力的超大型企业。目标一定要明确，团队的计划才能具体实施。

三、把握大局

企业管理者需要具有统筹能力，更要有开阔的视野和大局观，决不能因个人私利而影响全局。企业管理者在制订团队目标和方向的时候，一定要注意这些因素。有这样一句话："要树立一盘棋的思想。"大局为重，才能下赢整盘棋。与此同时，企业管理者还要主次分明，不能"眉毛胡子一把抓"，所有问题都作为问题来解决，这样不仅浪费管理资源，而且还无法抓住要重点解决的大问题。

四、共担责任

有些管理者非常"讲义气"，任何责任都由他自己来承担。这种讲义气的管理者到底是好还是坏呢？从某种角度来看，肩负全部责任的管理者能够成就大事业，但是也会"兵败萧墙"，原因在于，他的团队只有他敢于承担负责，而其他团队成员却不敢承担责任。一支优秀的团队，必须是"责任共担"的团队，企业管理者在制订团队方向的时候，还要将团队中每个人身上的责任确定下来，人人身上有责任，就不会推卸责任。问责一定是聚焦的，只能是一个人。

五、制订奖罚

无论是正面激励还是负面激励，管理者都要有一套管理团队的措施和方案，这样的措施和方案与团队目标息息相关。企业每发展一步，管理与执行工作都要做到位，决不能因为缺失奖罚措施而失控。

六、目标落地

拒绝一切不切合实际的目标；拒绝一切无法落地的目标；拒绝一切无法分解的目标。管理者必须从实际出发，制订出能够落地的目标。除此之外，企业管理者还要了解团队中的每一名成员，了解他们的性格、优势和劣势，能够在制订、安排工作任务时扬长避短，发挥他们的长处。

如果企业管理者能够坚持以上六点，那么就一定能够为团队制订出科学而合理的团队目标。只有确定了团队方向，才能开启团队的具体搭建工作。

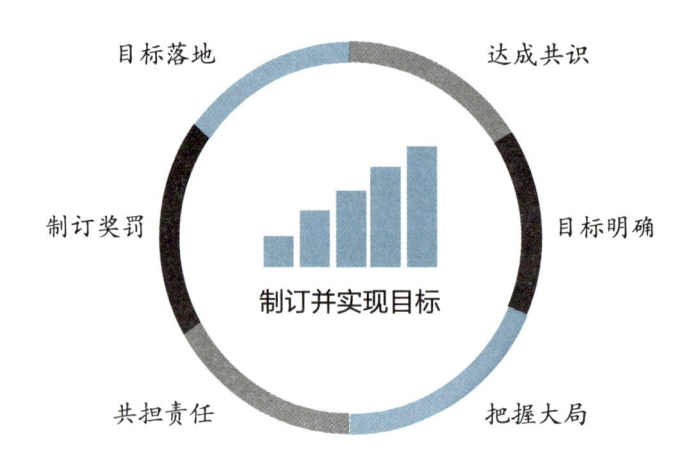

图 8-1　企业管理者制订并实现目标需要做到六点

02　提升团队凝聚力

有凝聚力的团队才是有竞争力的团队，没有凝聚力的团队如同一盘散沙，无法形成战斗力。华为是一家非常有凝聚力的企业，畅销书作家孙科炎在《华为项目管理法》一书中这样写道："项目团队不能随意拼凑，而要设计一个合理的团队结构。虽然良好的团队结构未必能够保证项目团队取得卓越的成绩，但不合理的团队结构更无法保证这一点，甚至还会为项目组带来很多问题，影响组织的正常运作。可以说，合理的组织结构是取得卓越成绩的先决条件。在项目推进的过程中，项目需求可能会发生变化，项目团队也有可能加入新的成员。此时，项目结构应该做出适当的调整，这样才能更好地为项目服务。如果团队结构处于混乱无序的状态，那项目执行起来肯定非常糟糕，尤其是规模较大的项目团队，团队结构的重要性更加突出。"这段话中的"项目团队"，可以是企业中的任何团队。想要让一支团队拥有凝聚力，先决条件就是企业管理者要让团队保持合理化的组织结构。并不是所有人都要进入这支团队，也不是所有团队的成员都能永远留在团队中。

有一家合资保险公司，初到一座新城市，准备在这里开展新的业务。因此，这家保险公司的分公司组建了一支市场运营团队，团队成员既有其他城市调来的有经验的营销管理人员，也有新招聘的员工。团队成立之后，总经理每天安排员工召开一个小时的晨会。在这一个小时的晨会中，几乎都是关于市场的报告总结，接着就是布置任务。任务布置完之后，总经理要求所有员工统一喊口号，借助喊口号的方式鼓舞员工的士气。

最初，这种喊口号的方式确实有一定的效果，团队成员面对陌生城市的客户群体能够迎难而上。但当业务遭遇瓶颈期，市场困局迟迟打不开时，总经理却坚持沿用"车轮战"招聘新业务人员"刷亲情单"的方式打开营销局面，但是这样的模式却无法让团队发挥作用。借用某位员工的话来说："我们都是各自为战，各自为了业务而奔走，员工之间根本没有联系，也没有帮助，总经理只看业绩，没有达标的业务人员只能离开这支队伍。"换句话说，这支团队毫无团队精神，相互之间没有合作，大家也只是在晨会、晚会上发发言，彼此之间根本没有任何交流或沟通。最后，这家保险公司不但没有开拓出新的市场，而且已有的市场也开始萎缩。有些业务能力较强的员工去了其他保险公司，并且取得了非常好的成绩。

有位企业管理者说过这样一句话："在一支充满凝聚力和战斗力的团队中，你只需要放开手脚去工作；在一支纪律涣散、毫无凝聚力的团队中，你还需要随时提防其他人带来的干扰。"企业管理者想要提升团队凝聚力，需要做好以下四方面工作：

一、营造积极向上的氛围

团队的氛围很重要，如果团队中的氛围是活跃的、乐观的、轻松的，团队成员的心态也会随之改变。如今，许多企业的阳光团队离不开管理者的阳光管理。什么是阳光管理呢？阳光管理是一种以人为本的管理方式，它强调管理制度的阳光操作，温暖人心，打造积极向上的"管理—执行"团队。团队管理者必须要做到阳光、积极、公平、心胸开阔。

二、建立良好的人际关系

团队管理者并不是团队中的"霸主"，他的角色是管理，而管理的主要方法是沟通。企业管理者必须在团队中建立良好的人际关系，有了良好的人际关系，才能进行近距离、深入地沟通，才能协商解决问题。拥有良好的人际关系，管理者才能拥有团队资源，才能运筹帷幄解决问题。

三、减少个体化的"论功行赏"

众所周知，许多企业都采取KPI考核制度，注重考核业绩。但是在一个团队中，不同的人从事不同的工作，任何一个人的工作业绩，可能都是大家合作的成果。企业管理者在团队考核过程中，应该尽量减少"论功行赏"的行为，而应该多去倡导团队的作用，没有团队，也就无法取得好的成绩。在这样的引导下，团队中的成员也就能认识到团队的意义和团队的作用，并形成团队文化。

四、多为团队成员服务

有一部分企业管理者习惯在团队中"作威作福"，这种坏习惯非常影响团队的团结，甚至还是团队中的"定时炸弹"。团队管理者，更应该充当团队成员的"服务员"和"顾问"，在他们遇到困难的时候提供帮助，而不是进行批评。如果团队成员时常能够得到领导者的帮助，那么他就会认真工作，并且逐渐产生团队归属感。

一个有凝聚力的团队才能打硬仗；一个有凝聚力的团队才能创造更多价值；一个有信仰的团队才能做出一番事业。

提升团队凝聚力 《《 企业管理者 》》 营造积极向上的氛围；
建立良好的人际关系；
减少个体化的"论功行赏"；
多为团队成员服务。

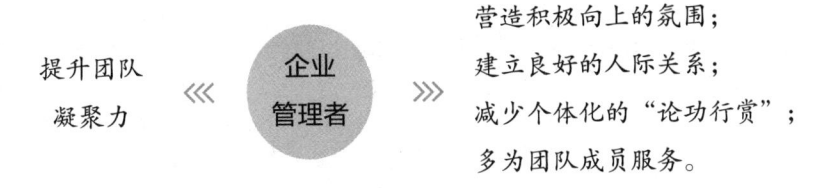

图 8-2　企业管理者想要提升团队凝聚力，需要做好四点

03　树立团队价值观

企业要有企业价值观，团队也要有团队价值观。什么是价值观？价值观是一个典型的心理学词汇，百度百科给出这样的解释："价值观是基于人的一定的思维感官之上而做出的认知、理解、判断或抉择，也就是人认定事物、辩定是非的一种思维或取向，从而体现出人、事、物一定的价值或作用。在阶级社会中，不同阶级有不同的价值观念。"团队价值观是基于团队成员而形成的一种价值观，企业价值观是一种"群体规范"，并且能够体现出团队愿景。为什么要树立团队价值观呢？树立团队价值观，能够为团队带来以下帮助：

第一，价值观能够让团队成员团结在一起，产生凝聚力。只有产生凝聚力的团队才能攻坚克难，解决问题。

第二，团队中的所有文化都要在团队价值观的基础上去建立，没有团队价值观，也就无法产生团队文化。由此可见，团队价值观是团队文化建设的基础。

第三，团队价值观还能为团队带来一致的目标，有了目标，团队才能有序发展，团队价值观具有"尺子"的作用。

第四，团队价值观还能带领整个团队航行，团队价值观具有"罗盘"的作用。

第五，想要形成统一的团队价值观，需要一群"价值观一致""志趣相投"的人聚集在一起，价值观不同、志趣不同的人在一起，则无法形成团队价值观。因此，团队价值观起到了"磁力"的作用，将团队以外价值观一致、志趣相投的人吸引到一起，团队规模也会越来越大。

第六，价值观是一种身份的象征，团队价值观也给予团队成员一种身份，如某团队成员等。

第七，核心价值观和优秀的团队价值观可以促进团队成员的成长，让他们成长为团队中最优秀的人。如果一个人进入到一个优秀的、具有团队价值观的团队，也能够快速成长。

对于企业管理者而言，可以把企业当成一个团队来打造。众所周知，华为拥有强大的研发能力和创新能力，这一切都离不开"华为价值观"。任正非说过这样一句话："是什么使华为快速发展呢？是一种哲学思维，它根植于广大骨干的心中。这就是'以客户为中心，以奋斗者为本，长期坚持艰苦奋斗'的文化。这并不是什么背景，更不是什么上帝。""以客户为中心"的管理思维其实很早就出现了，只是有的企业坚持贯彻，有的企业却不注重。"以客户为中心"并不是一句客套话，而是实实在在的"战略"，任正非曾经对员工这样说道："淘汰那些眼睛盯着老板，屁股对着客户的人。"眼中有客户，心里也要有客户，为客户着想，才能从客户身上挖掘到价值。关于华为的价值观，任正非还说过这样一段话："'以客户为中心，以奋斗者为本，长期坚持艰苦奋斗'就是华为超越竞争对手的全部秘诀，这就是华为由胜利走向更大胜利的'三个根本保障'。我们提出的'三个根本保障'并非先知先觉，而是对公司以往发展实践的总结。这三个方面，也是个铁三角，有内在的联系，而且相互支撑。以客户为中心是长期坚持艰苦奋斗的方向；艰苦奋斗是实现以客户为中心的手段和途径；以奋斗者为本是驱动长期坚持艰苦奋斗的活力源泉，也是保持以客户为中心的内在动力。"华为的这套企业价值观也常常被其他企业管理者借鉴并运用到自己的企业或者团队中。"以客户为中心，以奋斗者为本，长期坚持艰苦奋斗"也是一个永恒价值观，无论时代如何发展，"以客户为中心"和"客户至上"的理念永远不会变。市场是怎样来的？市场是客户的市场，没有客户，也就没有市场。"坚持奋斗"与"永不满足"是时代精神，敢为人先是一种勇气，对于一个团队而言，精神和勇气都要有。

海尔集团也有自己的价值观，海尔的价值观可以用九个字来概括，即"是非观、发展观、利益观"。海尔的"是非观"指的是："海尔人永远以用户为是，不但要满足用户需求，还要创造用户需求；海尔人永远自以为非，只有自以为非才能不断否定自我，挑战自我，重塑自我——实现以变制变、变中求胜。"海尔的"发展观"指的是："海尔不变的观念基因既是对员工个人发展观的指引，也是对员工价值观的约束。'永远以用户为是，以自己为非'的观念基因要求员工具有两创精神。两创精神即企业家精神，海尔鼓励每名员工具有企业家精神，从被经营变为自主经营，把不可能变为可能，成为自己的CEO。"海尔的"利益观"指的是："每名员工都在不同的自主经营体中为用户创造价值，从而实现自身价值，这样的话企业价值和股东价值自然能够得到体现。每名员工通过加入自主经营体与用户建立契约，从被管理到自主管理，从被经营到自主经营，实现'自主、自治、自推动'，这是对人性的充分释放。"海尔的九字价值观使海尔集团不断发展壮大，如今的海尔集团已经是世界白色家电第一品牌。

企业管理者在打造企业团队的时候，一定要为团队注入价值观和灵魂，才能让团队更有战斗力。

04　培养团队自豪感

团队是一个组织，它还需要很多充满能量的元素，比如自豪感。许多年轻人总会自豪地向别人介绍自己的公司、团队，比如一位华为的员工曾经这样自豪地说道："我是一名华为人。"华为不仅仅是一个品牌，还是著名的企业，年轻人也因为自己是"华为人"而感到自豪。自豪感是一种高级感受，能够带给人愉悦和能量。美国作家乔恩·R·卡曾巴赫在《培养员工自豪感》一书中这样写道："要想留住员工，就需要挖掘另外一种强大的动力，那就是自豪感。只有鼓励员工，激发他们的使命感和认同感，他们才能有更高的工作热情。而直到现在，这种最强大的动力仍不为众多经理、管理者所知晓或采用。"京东总裁也说过类似的话："一家企业如果成功是因为团队，如果失败也一定是因为团队内部出了问题。培养团队，是我花费时间最多，也是内部最重要的一件事。"

有一家规模非常大的企业，非常有凝聚力。每一年，这家企业都会拿出一定的资金带着所有的员工去旅游、度假。这家企业的老板说："之所以这样做，就是要让员工感受到企业对他们的重视，让他们认识到他们才是企业真正的主人。"

2019年夏天，这家企业租下了一艘游艇，分批次带着员工去海上旅行，时间是七天，所有的开销都由企业支付。员工们在游艇上高兴地度假、拍照片、分享自己的感悟。还有一些员工则表现出对未来的期待。有一名员工说道："每一年我们公司都会组织去不同的地方游玩。可能明年要去海南，比如三亚、博鳌等城市。"企业管理者的想法是，每年都去一个新的地方，让员工开阔眼界、放松身心，再投入到高强度的工作岗位中，继续奋斗。有一位部门经理这样说道："企业组织的'旅行'，每年都像在'开盲盒'，这种做法是非常有意义的。"开盲盒的做法增加了更多趣味性，也让员工有更多期待。除此之外，这家企业的福利也非常好，老板很大方，传统节假日都有礼品发放，如元宵节发元宵，端午节发粽子，中秋节发月饼，除了礼品之外，还有500元的现金红包。当员工拿到礼品和红包之后，内心都非常高兴。许多员工这样表达："这家企业确实很好，我们入职了一家好公司，也跟对了好老板。"员工充满了自豪感，工作自然也非常积极。这家企业能够吸引人才的目光，许多高学历的年轻人也纷纷前来应聘。企业老板说道："我们需要有能力的员工，我们需要有梦想的员工，我们更需要与我们一起奋斗的员工，我们也愿意与我们的员工分享大家共同创造的果实。"

搜狐网"好商汇"平台上有一篇名为《让员工拥有自豪感，是一个企业最大的成功》的文章，文章是这样写的："自豪感是当自己的价值特性达到理想的目标或优于他人的价值特性时，而产生的心理愉悦感受。自豪是一种满足和肯定，也是一种激励和鼓舞。对于企业来说，如果大多数员工都拥有了自豪感，那就说明这家企业聚积了巨大的创造力和正能量，一定能够蓬勃发展、蒸蒸日上。一家企业的员工有没有自豪感，也可以判断出这家企业的管理和经营，是不是科学和合理。很多新型企业的员工，都为在这样的企业中工作而感到自豪。有的为产品感到自豪；有的为效益感到自豪；有的为稳定感到自豪；有的为待遇感到自豪，也有的以自身价值的体现或个人经验的积累而自豪。企业就像一座高山，越大越高，站在这座山上的人们就看得越远。"因此，企业管理者应该努力培养员工的这种自豪感，尊重自己的员工；信任自己的员工；敢于授权给自己的员工；多为员工创造福利。适当地采取激励机制，为员工描绘美好的蓝图；让员工感受到企业文化；让员工享受公司创造的财富；提升员工的存在感，让员工参与到企业团队的建设中去；为员工创造一个公平的晋升平台。只有这样，员工才能逐渐产生自豪感和优越感，并展示出自己的工作热情。

05　科学分配团队角色

组建团队，选人很重要。如果选错了人，也就难以运作团队。企业管理者选对了人，成立了团队，还需要科学地分配团队角色，让团队中的每一名成员都有适合他的位置。

"唐僧取经的队伍"就是一个非常典型的团队。在这个团队中，唐僧相当于团队的管理者，他管理着三个徒弟，还有自己的坐骑白龙马。作为管理者的唐僧，他带领着所有人制订取经线路，并做出重要的决策。因此，唐僧是取经团队中的核心人物，所有人的工作都围绕着唐僧制订的取经计划展开。孙悟空的工作是保驾护航，他拥有一身本领，是取经团队中的"战力输出"，尽管猪八戒和沙僧也有一定的才能，但是远不及孙悟空。正因为有孙悟空这样的角色，唐僧遭遇的每一次困境都被一一化解；如果没有孙悟空，唐僧就无法完成取经任务，甚至连"西天"都无法抵达。猪八戒在小组中起到了怎样的作用呢？难道他只是好吃懒做吗？其实不然。虽然猪八戒没有孙悟空的本事，但是"战力"输出同样不能被忽略。除此之外，猪八戒最大的才能是"协调"各种关系。记得在"三打白骨精"时，唐僧多次念紧箍咒，并且赶走了孙悟空。孙悟空的离开，给这支取经队伍留下了诸多隐患。随后唐僧就被妖精掳走，而猪八戒和沙僧的能力却不足以拯救唐僧于危难。这时，猪八戒跑去花果山游说离队的孙悟空回到团队拯救唐僧，原本心里早就凉透的孙悟空不想回去，但最终还是被猪八戒的"激将法"给劝回来了，并成功救回了唐僧。如果没有猪八戒的游说，这支队伍早已经解散。换言之，猪八戒相当于这个团队中的

"润滑剂"，也是该团队中非常重要的人物。沙僧呢？沙僧的功夫与猪八戒相当，同样拥有强悍的战斗力。但是，沙僧是一个典型的"任劳任怨"的代表人物，他挑着担子，减轻其他人的负担。任何团队中都需要沙僧这样的人物，任劳任怨、忠心耿耿，是领导眼中最好的员工，也是最忠诚的员工。除此之外，沙僧是非常忠诚的，苦活、累活、脏活都能做，需要他拼命时，他就能拼命。总之，唐僧需要这样一个忠心耿耿的跟随者，需要吃苦耐劳的执行人。除了孙悟空、猪八戒、沙僧之外，还有一个角色也不能忽略，那就是白龙马。虽然白龙马是唐僧的坐骑，当唐僧遇到危难时，也能够变身小白龙去拯救唐僧。换言之，唐僧团队中的任何一个人物都非常重要、缺一不可。而且，这支队伍中的每个人都经过了合理安排，孙悟空保驾护航；猪八戒处理各种内外关系；沙僧忠心耿耿、勇挑重担……总之，一个科学合理的团队才是一个能够高效运转的团队。企业管理者如何才能为每一名团队成员安排适合他而且有价值的岗位呢？

一、内向的成员安排后勤岗位

一个团队中需要各种特点的人，有些成员性格内向，不擅长交际。但是，并不是所有角色都是用来"公关"的，就像沙僧这样的人，可以安排他做后勤保障的工作，他能够在这个岗位上任劳任怨，他是团队执行层里的关键所在。在一个团队中，这样的岗位需要这样的角色，企业管理者完全可以为内向的成员提供"后勤保障"的岗位，让他发挥自己的特长。

二、外向的成员安排公关岗位

这里的"公关"，是广义的公关，包括营销、外联、公关在内的所有岗位。比如团队中的营销岗位，特别适合那些性格外向、擅长交流的成员。如果将内向的、不擅长交际的员工安排在这样的岗位上，恐怕他无法胜任这样的工作。总之，团队管理者要让最合适的人出现在最合适的岗位上。

三、有才华的成员安排有挑战性的岗位

几乎所有的企业中都有这样的人：才华横溢、性格突出，身上自带"闪光点"，如果给他们富有挑战性的工作，这样的人很容易在团队中做出成绩。有人说："才华横溢的人，大多数性格突出，不服从管理。"其实，这样的理解是片面的。大多数有才华的年轻人，不仅服从管理，而且能够从事有挑战性的工作，只有那些具有挑战性的工作，才能与他的才华匹配。有才华的人出现在重要的岗位上，当他做出成绩，这个团队也会发生"蜕变"。

除此之外，还有一些成员非常擅长管理，企业管理者可以给他们安排这样的岗位去从事管理工作，甚至授权他去做某一方面的管理工作。

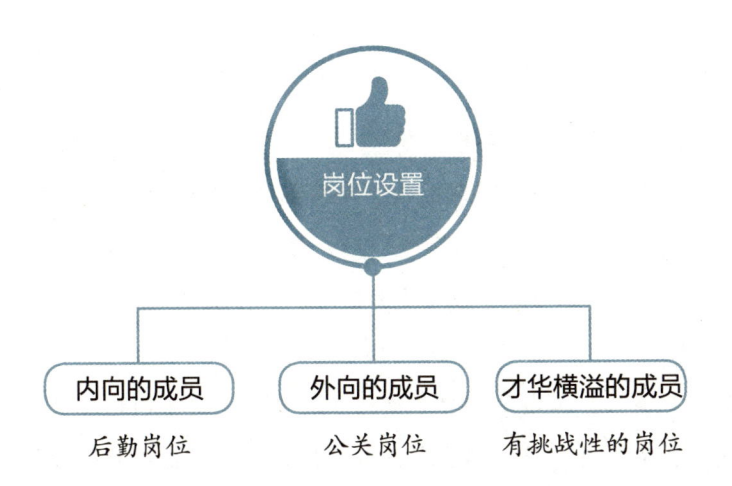

图 8-3　管理者为团队成员安排适合而且有价值的岗位

06　打造差异化的团队

企业管理者想要打造一支团队，不仅需要提升团队的凝聚力，而且还需要使团队保持一定的个性。因此，管理者必须采取差异化的团队打造法去打造团队。

如今，有许多企业团队组织僵化、执行效率低下，但是管理者却很难找到好的办法去解决这些问题。有一家拥有50年历史的化工企业，管理者和员工都是由这家企业的"老员工"和"老领导"一批一批带出来的。按理说，这样的"嫡系部队"应该更加团结，工作效率更高。但是，现实情况完全相反。

企业管理者打算借助绩效考核的办法去解决这个问题。绩效考核半年后，尽管几乎所有员工都能完成绩效任务，但是企业的管理经营状况并没有太大的改善。这个时候，有一位有经验的人告诉企业管理者一个办法——分权。什么是分权呢？分权是一种管理方法，百度百科给出这样的解释："分权是在多层次、多机构的决策系统中将权力合理分派的规定和制度。分权与集权相反。集权是把一切事务的权力集中在上级核心机关，下级机关和一般机关只能服从上级核心机关的决定、指令和指示。分权则是按照一定规则把权力分派给不同机关，上级核心机关只对涉及全局的重大问题做出决策，下级机关和一般机关在管辖范围内，有权自主地解决问题，上级核心机关不加干涉。"这家企业以前采取的管理方式就是典型的集权管理，这是因为企业管理者担心"放权"之后出现不可控的局面。后来，管理者开始大胆尝试，将整个企业按照"绩效承包制"的方式授权给分公司，分公司再分拆给具体的部门。中层管理者的权限比以前大了，自主经营的权限也大了，他们的工作积极性也提高了。分权制度坚持了一年，企业内的各个团队都快速成长起来，分公司与分公司之间进行绩效竞赛，部门之间的员工进行绩效比拼。这种分权的经营模式，让企业发生了翻天覆地的变化。其实，分权也是一种差异化建设团队的策略之一。分权，让团队中的成员拥有权力，团队成员有了自主权，才能更用心工作。

上面的案例非常常见，团队成员（企业员工）拥有足够的权限，他们才能挖掘出自身的潜能。其实，一个团队中的成员本身就存在差异，有的学历高，有的学历低；有的擅长营销，有的擅长后勤；有的学习能力强，有的更加擅长"攻关课题"。总之，在具有差异化的团队中，更要采取差异化的措施。比如，某家企业根据不同员工、不同岗位设计了不同的KPI方案，后勤人员有后勤人员的KPI；营销人员有营销人员的KPI；财务人员有财务人员的KPI；人力资源专员也有他们的KPI。KPI方案的差异化，也就将团队中的人员进行了科学而有效的区分，不同岗位上的员工不再受制于同一项KPI考核，这种差异化的KPI考核更加人性化、个性化，很好地兼容了团队中的个性差异，而这种差异也是团队的生命力所在。

在一家企业中，不仅有"企业大团队"，在"企业大团队"中，还有许多小的团队，有生产团队、管理团队、营销团队、采购团队、研发团队、风控团队等。这些团队分别代表着不同的岗位，也分别配置了不同的人员。在营销团队中，有营销团队的管理者，还有市场专员和二级核算员，甚至还有负责办公室内部业务的专员等，这些人员在得到科学而合理的安排之后，才能推动团队的正常运转。与此同时，团队管理者还要尊重他们的个性，每个人都有不同的个性，保持团队中的个性差异，让这种个性释放出能量，这就需要企业管理者进行科学引导。有一位企业管理者这样说道："尽管团队有团队的目标，但是这个目标并不能代表所有人的目标。每个人都有自己的追求和目标。但是企业管理者绝不能把所有人的目标规定成一个'死目标'。只要团队的整体利益得到了保证，为什么不允许团队内存在这种差异呢？"对于团队而言，团队利益与个体利益同等重要。企业管理者需要用差异化思维去搭建团队、经营团队，这样才能把团队经营好，从而更好地完成企业的整体目标。

PART 3
战略思维，用人成事

第九章

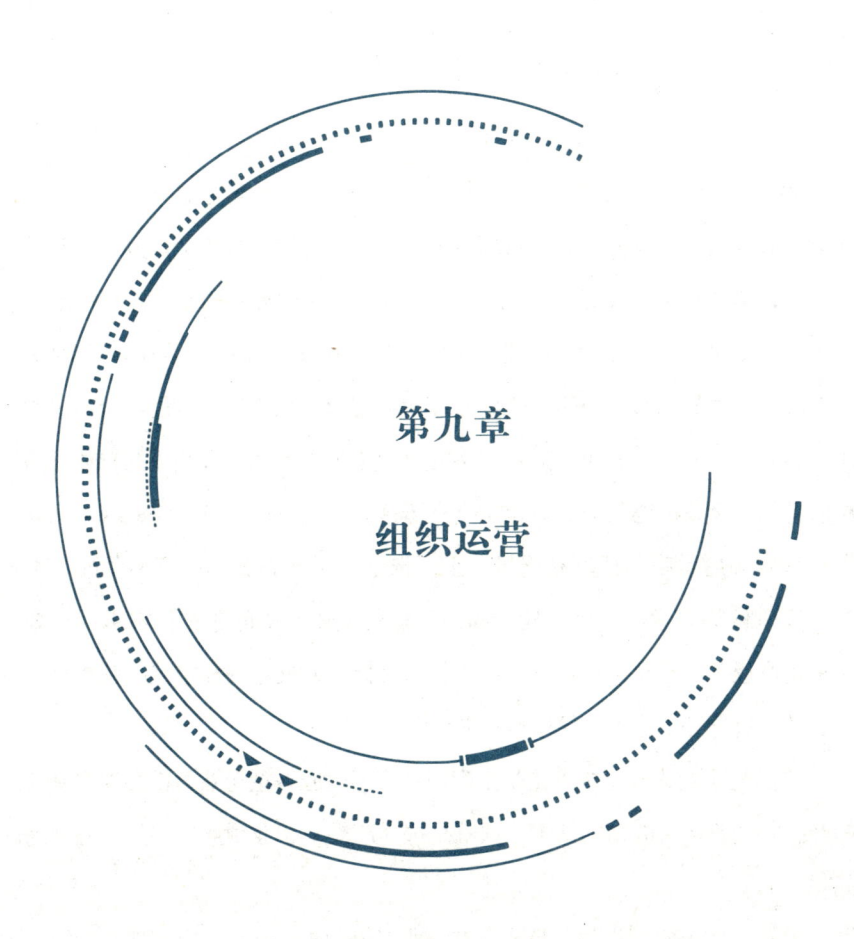

组织运营

01 制订运营战略

对于企业而言，运营工作是最重要的工作之一。懂得如何运营，才能使企业更好地发展。因此，企业管理者要制订出企业运营战略，更好地管理整个企业。运营战略的英文名称是Operation Strategy，百度百科给出这样的解释："运营战略可以视为使运营管理目标和更大的组织目标协调一致的规划过程的一部分。运营战略涉及对运营管理过程和运营管理系统的基本问题所做出的根本性谋划。由此可以看出，运营战略的目的是为支持和完成企业的总体战略目标服务的。运营战略的研究对象是生产运营过程和生产运营系统的基本问题，所谓基本问题是指包括产品选择、工厂选址、设施布置、生产运营的组织形式、竞争优势要素等。运营战略的性质是对上述基本问题进行根本性谋划，包括生产运营过程和生产运营系统的长远目标、发展方向和重点、基本行动方针、基本步骤等一系列指导思想和决策原则。"

产品是企业的核心，无论是生产型企业还是服务型企业，都必须要有自己的产品。企业运营战略的其中一项就是选择产品。企业到底应该生产怎样的产品呢？

其一，市场空间大的产品才会有消费者去购买；其二，有创造力的产品才有市场竞争力；其三，新鲜抢手的产品才能成为"爆品"；其四，成本不宜过高的产品，无法产生利润的产品没有市场竞争力。总之，产品选择是管理者制订运营战略的一项工作，而且是非常关键的一项。

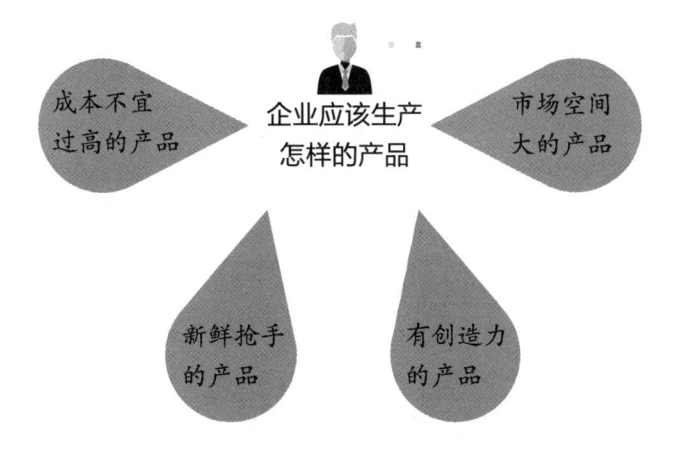

图 9-1　企业应该生产怎样的产品

工厂选址同样重要，如何才能进行科学而合理的选址呢？对于管理者而言，一定要将四点要素考虑进去。

第一，运输成本。运输成本是企业运营成本中很大的一项，交通便利、运输环节少、运输方式多、距离近，这些条件都会降低运输成本。

第二，原料供应。产品生产需要原料，只有长期稳定的原料供应才能解决原料问题，管理者要找到这类企业（合作伙伴），并制订合理的采购价格。

第三，能源供应。对于一家企业而言，各种经营成本都要考虑在内，比如电、水等，如果选择在能源供应充足且价格成本较低的地区，就能解决这个问题。

第四，劳动力。劳动力成本更是一项重要的运营成本，企业管理者应该选择在劳动力密集的区域建厂，这样才能降低劳动力成本。

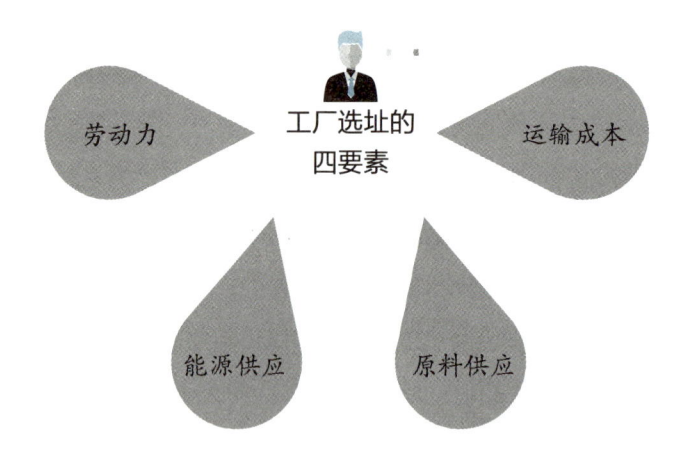

图 9-2 工厂选址的四要素

设备布置关系到企业的建立与后续的运行，甚至关系到产品的生产包装与研发。设备布置也要遵从科学原则，企业管理者需要掌握这一科学原则。设备布置需要掌握遵从以下八方面：

第一，最短路径原则。物料运输路径越近，越节省成本。

第二，关联原则。相互关联配套的设备、设施需要存放在一起。

第三，安全原则。无论是生产设施还是其他设施，都要将"安全"放在第一位。

第四，协调原则。所有的设备、设施要达成内外协调，才能统筹兼顾，最大程度地节省开支，挖潜增效。

第五，充分利用原则。无论是场地，还是原料等，都要进行充分利用，提高利用率。

第六，专业化原则。设备布置要专业，并且要有专业人士进行相关设备的管理。

第七，分工原则。设备布置工作同样需要人员的配置与分工，不同的人员管理不同的设备、设施。

第八，弹性原则。设施的建设布置不要过于饱和，给企业之后的发展留下一定的空间。

设备布置需要注意的要素 ▶ 最短路径原则；
关联原则；
安全原则；
协调原则；
充分利用原则；
专业化原则；
分工原则；
弹性原则。

图 9-3　设备布置需要注意的要素

"生产运营的组织形式"是一个经济学名词，百度百科给出这样的解释："生产组织形式是指生产者对所投入的资源要素、生产过程以及产出物的有机、有效结合和运营方式的通盘概括，是对生产与运营管理中的战略决策、系统设计和系统运行等管理问题的全面综合。不同的经济时代由于生产模式的不同，导致生产组织形式也有所不同。成组生产是多品种、中小批量生产的一种科学的生产组织形式。它是以零件结构形状和工艺上相似性等标志，把所有的产品零件、部件分类分组，并以组为对象组织和管理生产的方法。"普及这个概念的目的在于，企业管理者要懂得生产运营的组织形式，并且能够根据企业的实际状况设计一套生产运营管理方案，这才是最终的目的。

竞争优势要素同样是运营策略中的一项。众所周知，从事企业策划工作的人员撰写企业策划书，需要将"企业竞争优势"与"企业竞争劣势"进行全方位、透彻的分析，这样才能制订出高质量的企业策划书。

以上五方面的内容覆盖了"企业运营战略"的几个大方面，这也需要企业管理者学习并做好以上五方面的工作，这样才能做出科学的企业运营策略。

02　打造超级流程

关于"流程"二字，许多人都会想到某种预设好的程序，所有工作都会按照这个预设好的"程序"去完成。对多数人来说，流程仿佛只具备了机械属性，而没有"人性"。那么，为什么许多企业还要制订各种各样的流程呢？没有管理流程的企业到底经营得好，还是不好呢？

有一家村办企业，老板名叫王强。王强从银行贷款投资了300万元开办了一家企业，经过十多年的打拼，这家企业发展成为拥有1000多名员工、固定资产超过5亿元的大型企业。此时，王强的一位企业家朋友告诫他："企业已经做大了，管理也应该调整，需要借助流程的地方就得流程化，否则无法建立现代化的管理体系。"但是王强并没有接受朋友的建议，他认为："一直以来，企业都是依靠现有的管理模式运行，说明这种管理模式是没问题的，并不需要进行大范围的改造。况且，现有的'人管人'模式已经成熟了，并且形成了'团队'，而且'监督'机构也在发挥着重要作用。"

王强并不是不懂管理的老板，他也曾经获得著名大学的MBA学位，非常懂得企业管理以及企业管理模块的打造。后来，王强的企业进一步发展、扩大，并且引进外资开发了一个全新的项目。新项目由合资双方共同管理。作为大股东方，王强的公司仍旧是管理一方，负责整个企业的管理和运营，投资方则安排技术人员和部分管理人员提供技术和管理支持。这时，问题出现了，投资方的员工不服从安排，还在许多衔接环节上出现严重的问题。王强非常着急，于是聘请了专业的顾问团队。此时，王强的朋友再次提醒他："你应该下定决心，系统化、程序化地进行管理。有了流程，所有人都按照流程去做，就不再需要'人管人'的做法了。'人管人'的管理方式已经落后了，而且很容易触碰到管理痛点，制造双方之间的矛盾。"此时的王强接受了朋友和顾问团队的建议，开始系统化、扁平化、程序化建设，采用现代化管理，打造了一套管理流程，尤其在"管理—执行"层面上，几乎进行了彻底的流程化改造，合同审批、人员流动等，完全采取流程化管理，不再需要"命令"。

半年之后，这家企业发生了天翻地覆的变化。曾经出现的问题都得到了解决，而且执行效率得到了提高，企业管理逐渐趋于稳定。

企业管理者为什么要打造一套超级流程呢？从上面这个故事中，我们认识到流程在这家企业中所起到的作用。流程让复杂的问题简单化，让"摸不着头脑的管理难题"变得清晰，流程让人与人之间的关系变得简单，也让管理更加高效，并且不再依靠"命令"。在企业管理中，简单化、扁平化、流程化是企业管理者应该做的事情。如何才能打造一套流程呢？具体的做法是怎样的？

第一步，组织调研。

任何管理工作都要进行组织调研，了解整个"管理—执行"过程，这样才能确定该项目是否可以进行流程化设计，确定流程的梳理范围，再启动第二步工作。

第二步，描述流程。

如何进行流程的描述工作呢？流程描述也叫作"流程说明"，管理者需要借助图片或者文字的形式对整个流程进行呈现。呈现流程的方法有很多，管理者应该掌握并熟练使用其中一种。描述流程，还需要管理者完成以下四方面工作：

（1）流程是有目标的，描述流程的过程中，要将流程目标呈现出来。除此以外，管理者还要将与流程相关的关键因素列举出来并加以说明。

（2）管理者要画出流程设计图，图形能够更为直观地展示整个流程。

（3）流程是一个将各个环节链接起来的"管理—执行"装置，管理者还需要强调并展示流程中各个环节的职能、制度、规范等。

（4）将流程编纂成册，再让所有员工进行学习。

第三步，优化流程。

流程需要不断优化、不断调试，甚至还需要不断地更新换代。通常来说，企业管理者可以借助"流程优化工具"对流程进行优化。常见的流程优化工具有标杆瞄准法、DMAIC模型法、ESLA分析法、ECRS分析法、SDCA循环法等，因本书篇幅有限，我们将不再对这些方法进行详细介绍。

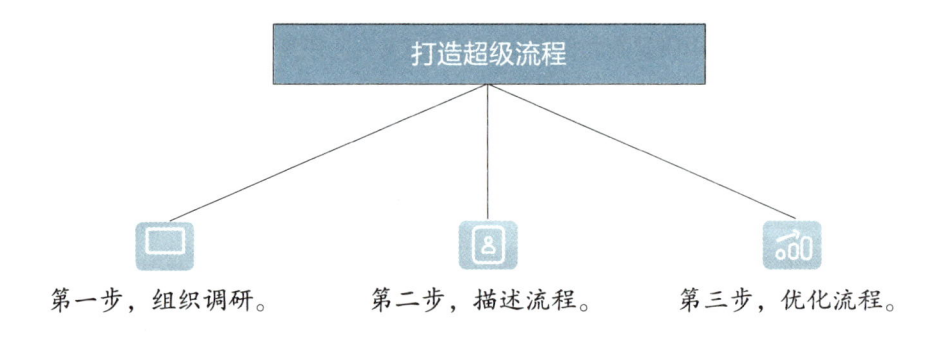

图 9-4　打造超级流程的步骤

通常情况下，企业管理者通过上述的三个步骤就能完成流程的设计工作，为企业打造一套超级流程。当然，打造超级流程是一项非常专业的工作，如果企业中没有这方面的专业人才，还可以聘请专家团队进行设计、打造。

03　制订规章制度

对于管理者而言，企业管理是一项"实实在在"的工作。管理并不是"人命令人"，而是依靠各种流程和制度去代替人的管理、约束人的行为。如果一家企业没有流程和制度，也就无法形成管理。企业管理者在管理企业的同时，必须要为企业制订一套规章制度，用制度规范企业员工的行为。

华为是中国首屈一指的公司，甚至是中国高技术公司的典范，华为有着完善的规章制度，而且这些规章制度还被直接写入《华为基本法》中。《华为基本法》是这样规定的：

（追求）

第一条　华为的追求是在电子信息领域实现顾客的梦想，并依靠点点滴滴、锲而不舍的艰苦追求，使我们成为世界级领先企业。

为了使华为成为世界一流的设备供应商，我们将永不进入信息服务业。通过无依赖的市场压力传递，使内部机制永远处于激活状态。

（员工）

第二条　认真负责和管理有效的员工是华为最大的财富。尊重知识、尊重个性、集体奋斗和不迁就有功的员工，是我们事业可持续成长的内在要求。

（技术）

第三条　广泛吸收世界电子信息领域的最新研究成果，虚心向国内外优秀企业学习，在独立自主的基础上，开放合作地发展领先的核心技术体系，用我们卓越的产品自立于世界通信列强之林。

（精神）

第四条 爱祖国、爱人民、爱事业和爱生活是我们凝聚力的源泉。责任意识、创新精神、敬业精神与团结合作精神是我们企业文化的精髓。实事求是是我们行为的准则。

……

《华为基本法》的制订历经两年，经过八次修正，才得以确立下来。为什么要制订《华为基本法》呢？任正非是这样说的："1997年以后，公司内部的思想混乱，各种主义林立，各路诸侯都在大显神通，公司往何处去，不得要领。我请人民大学的教授们，一起讨论出一套'基本法'，用来集合大家发散的思维，几上几下的讨论，不知不觉中'春秋战国'就无声无息了，人大的教授厉害，怎么就统一了大家的认识了呢？从此，开始形成了所谓的华为企业文化，说这个文化有多好，多厉害。但不是我创造的，而是全体员工悟出来的。"任正非的这段话，可谓"干货"满满。他首先告诉我们，华为在创业初期各种"主义"林立、思想混乱，所谓的"统一管理"也无从说起，如果没有一套"统一思想、规范行为"的准则，华为还将是以前的华为，无法发展壮大。华为的"制度"是全体员工悟出来的，是民主的决定，也是一种集思广益的成果，体现了华为的企业文化。与此同时，《华为基本法》制订之后，华为的干部、员工便开始学习，全面了解华为，并且明确自己的工作责任范围和相关的权利及义务。用一位企业家的话来说："有了规章制度，有些人就不能乱来。"对于那些刚刚开始创业的年轻企业家而言，掌握制订规章制度的办法是非常重要的，规章制度的制订是非常烦琐的，但是有几个关键因素一定要注意：

一、合法性

规章制度不是独立于法律体系之外的法则，而是要在法律框架之内。只有合法的规章制度，才是科学而严谨的，才能在企业中发挥作用。如果规章制度不合法，或者违反了《劳动法》及《合同法》，这样的规章制度所约定的"条款"就是无效的，甚至还会给企业运营带来风险。

二、道德性

合理的规章制度必须要符合道德要求，不符合道德要求的规章制度不具有合理性，甚至还有触及法律底线的风险。什么是符合道德要求的规章制度呢？

（1）不能违背公序良俗，要体现社会文明和企业文明，要符合社会主义核心价值观，不能突破价值底线。

（2）公平对待每一名员工，同岗同酬、不歧视、不偏见，岗位用人采取"阳光政策"，做到公平、公正。

（3）规章制度的"处罚条例"也要体现出合理性，规章制度是"规范"行为的制度，而不是"处罚"行为的制度。

（4）不超出法律规定的劳动强度。

只有在"道德"与"良知"的基础上打造出来的规章制度才是可以执行的、不触及社会底线的、有价值的规章制度。除此之外，规章制度还要能够正常运行，这就需要管理者制订的规章制度必须明确、可执行，且符合集体利益，甚至是民主的。只有这样的规章制度，才能发挥出它应有的作用。

04　全面提升信息管理

信息管理是企业中一项重要的管理工作。什么是信息管理呢？信息管理是一个有着严谨概念的管理学名词，百度百科给出这样的解释："信息管理是人类综合采用技术的、经济的、政策的、法律的和人文的方法和手段以便对信息流（包括非正规信息流和正规信息流）进行控制，以提高信息利用效率、最大限度地实现信息效用价值为目的的一种活动。"人类的一切活动都离不开信息，任何存在的事物都会产生信息。从事市场营销的人员都知道，想要开展某个产品的营销工作，就需要了解该产品的市场信息，比如同类产品的定位、定价、包装、市场策略等，市场营销人员通过市场信息了解市场以及其他同类产品，这样才能制订出科学的营销策略。除此之外，市场营销人员还要了解市场渠道信息和消费者信息，只有进行全面分析，才能找出有价值的信息。岳剑波在《信息管理基础》一书中写道："它反映了信息管理活动的普遍性和社会性。它涉及广泛的社会个体、群体、国家参与的普遍性的信息获取、控制和利用活动。信息产品管理（微观）：信息采集、整序、分析，信息产品的流通；信息系统管理（中观）：设计、实施与评价，安全管理，信息资源配置等；信息产业管理（宏观）：产业结构和测试，信息服务业的机制与管理模式，产业政策和信息立法，社会信息化。"《信息管理基础》一书同时也是当前各大学开设"信息管理专业"的权威教材。如今，国家需要大量信息管理方面的人才，同样，企业也需要加强信息管理方面的工作。

信息管理工作包含了四方面内容，即信息收集、信息传输、信息加工、信息储存。

一、信息收集

顾名思义，就是管理者（相关人员）获取原始信息的过程。市场营销人员获取市场信息，需要走访市场，亲自了解市场中的产品。比如，某日化用品公司推出了一款洗发露，但是在市场上，同类型的洗发露还有很多，这些洗发露到底有哪些特点，价格多少，有什么特色，是否存在品牌溢价，市场占有量如何，等等。信息收集得越多，对市场营销人员的后续开展营销工作就越有利。信息收集是信息管理的基础性工作，但是所有的信息管理工作都是从信息收集开始的，否则也就无法开展信息管理工作。

二、信息传输

事物的运动是一种信息的"游移"，只有准确把握并将这种信息及时传递出去，才能发挥作用。比如，某气象局通过卫星云图和数据分析发现某地区在某时间段内将会有一次强度较大的降雨过程，降雨同时还伴随大风、雷电，这样会给该地区的人民生活和社会生产造成影响，因此需要将该天气预报信息及时传递出去，让该地区的人民了解这次降雨过程，并提前对强降雨进行预防。信息传输的意义非常大，企业管理者也应该将与企业管理相关的重要信息传输给每一名员工，让员工了解企业正在发生的一切，这样员工就能够及时调整并安排自己的工作。

三、信息加工

并不是所有的信息都必须保持原始状态，许多信息需要"二次加工"才能准备传输给信息接收者。比如，某国外的重要信息非常有价值，可能将会影响某企业的市场地位。而此时，这些信息仍旧是以外文资料的形式去传输的，这就需要企业管理者或者相关人员对该信息进行加工处理（翻译成中文），再将该信息传输给相关岗位的员工或者项目负责人，继而调整策略。随着科技的发展，信息加工技术也有了巨大的进步，许多企业使用相关技术设备对信息进行加工，并准确传输到每个角落。另外，信息加工的另外一个目的是信息控制，旨在确保企业组织的稳定以及企业员工思想以及精神状态的稳定性，消除不良信息带来的负面影响。

四、信息储存

信息储存是整个信息管理流程中最后一个步骤，只有将信息储存起来，才能长期开展信息管理工作，并且进行后续的信息与数据的对比与分析。

信息管理工作是一项非常重要的工作，企业管理者应当重视，并在企业内部组建相关信息管理部门进行直接并且专业的工作，引进信息管理人才，提升企业信息管理水平，在此基础上做好大数据分析工作，建立信息管理制度，提升信息的利用价值。

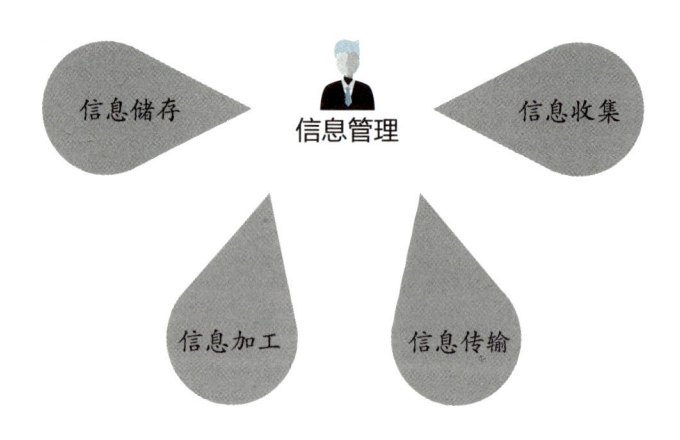

图 9-5　信息管理包括四方面内容

05　提高执行效率

有的管理者存在这样的误区：管理是管理，执行是执行，二者单独存在。管理层向执行层下达指令，执行不利与管理层无关。事实上，这是推卸责任的做法。管理与执行是上下游的关系。执行效率低，并不一定是执行层的问题，也有可能是管理层出现了问题。

有一家企业，老板下达了"设备改造"的任务，要求设备科来完成。设备科迅速组织专家，着力对设备进行改造升级。在改造过程中，设备科发现了诸多问题及隐患，如果不解决，就无法进行设备升级，这需要安全科和多个生产部门共同参与来解决。但是，设备科权限不够，无法调动安全科和其他部门参与协调工作，即使多次向上级反映也没有解决这个问题。因此，企业设备升级的工作就无限期地搁置了。到了年底，老板询问进度才得知设备科的工作没有落实到位，因此对设备科的管理者和员工进行了严厉的批评。后来，设备科的一位副总经理找到老板，进行了一番深入沟通与交流，老板这才得知事情的真相。

从这个案例可以看出，执行层的执行工作遭遇阻碍，可能是因为其权限不够造成的，也可能遇到了其他情况，管理者没有及时给予授权或者指导，进而推卸责任。这样的做法不但解决不了问题，还有可能打击执行层的工作积极性。因此，提升执行效率并不仅仅是执行层要做的工作，更是企业管理者应该做的工作。

作者刘春雄在一篇名为《张瑞敏：这8个"光荣错误"误导了大多数管理者！》的文章中写过这样一段话："管理的前提应该是：在道德上把员工想象为'自私自利'的普通人——这是人的本性；在能力上把员工想象为平凡的人——普通岗位留不住高水平的人。在这个前提下，企业要通过有效的管理，让员工的'自私自利'不损害企业和他人的利益，让平凡的人做出不平凡的业绩。"这段话非常有含金量，也直接告诉企业管理者应该如何去做管理者，如何提升企业执行层的业绩。

第一，让合适的人出现在合适的岗位上。因岗设人，就是根据岗位的要求，选择有相关能力的员工。如果员工的岗位能力达不到要求，也就无法胜任这个岗位，更谈不上"执行效率"了；如果员工的能力能够胜任岗位要求，甚至超出岗位要求，执行效率的问题自然也就迎刃而解。

第二，能力要与薪资待遇匹配。能力强的员工，是否需要给予匹配的薪资待遇呢？每个人都想要获得更高的薪资待遇和福利。如果一名能力强的员工，学历也很高，不仅要让他出现在最"闪耀"的舞台上，而且还要让他充分发挥自己的能力，给予"弹性"的薪资去激发他挖掘自身的潜力。那些能力一般的员工，或者不符合要求的员工又该何去何从呢？有些企业会帮助这些员工寻找适合他们的工作岗位，如果没有适合的岗位，或者能力达不到要求，就需要给予他"再学习"的机会提升他们的能力。如果企业管理者坚持同工同酬的做法，很有可能无法达到提升执行效率的目的。企业管理者更应该坚持绩效与薪资挂钩的模式，而不是同工同酬的模式。能力强，执行效率高的员工，就应该让他们获得高薪，这也是留住优秀人才的最佳方式。

除了上述两点之外，提升执行层执行效率的方式还有很多。就像本节开篇所讲的案例，执行层的员工需要获得足够的权限才能完成相关任务。如果设备科拥有相关的资源调配权限，能够让其他部门积极参与进来，并且以设备科作为设备改进升级单位的责任主体，这样就能解决设备升级的问题。因此，这就需要企业管理者对执行层进行适当的授权，给予指导，并适当提供帮助。有一些企业管理者采取激励的方式去激励执行层的员工，让他们工作时更富有激情。还有一些企业管理者则采取"创业"管理模式，向执行层员工提供"创业"的机会。海尔集团董事长张瑞敏说过这样一句话："员工的素质低，不是你的责任。但不能提高员工的素质，就是你的责任。"企业管理者在向执行层布置任务的时候，还要问一问自己："目标任务清晰吗？授权了吗？资源协调了吗？节点设置了吗？员工有无压力？我还要做哪些工作？"

06　打造价值平台

提到"价值平台"这四个字，就不得不提"海尔模式"。海尔集团董事长张瑞敏曾经提到过"创业平台"思维，并且将该思维融合进海尔的企业管理之中，形成了一套全新的管理模式。"价值平台"是一种"管理赋能"，旨在让更多企业员工能够主动地提升劳动能动性，做自己的"老板"，而不是为自己打工。

海尔的这种价值模式也叫"创客"模式。《中外管理》杂志刊发了一篇名为《海尔"人人创客"是怎样实现的？》的文章，演讲嘉宾海尔大学执行校长孙中元介绍道："过去，企业员工和领导者之间信息不对称，现在用户只要点一下鼠标、滑动一下手机就能够决定企业的生死。在这样一种新的常态下，每个人都是市场主体。靠单打独斗就可以赢得市场的时代已经过去了，企业只有融入互联网，成为资源和用户需求的连接体，才能够占有市场。因此，未来企业的边界会越来越模糊，甚至有可能消亡，但是组织会一直存在，不会消亡。"海尔的这种"平台化"模式早在2015年就已经开始了。海尔的平台涵盖了三部分，即平台、小微企业、创客。平台又分为共享平台和驱动平台。每一个平台都有相关的"职能属性"，以此来推动平台的运转。

当然，管理模式的改变，也就意味着整个企业的营销模式也发生了改变。现在的海尔采取的是"以客户为目标"的营销模式，客户需要什么，海尔就提供什么。与此同时，海尔还邀请客户参与到研发设计之中，让客户体验海尔提供的产品和服务。与此同时，海尔的每一个单元（员工或者平台）只有将产品和服务完全交付到客户的手中，才可以获得收益。用一句话来总结："卖掉多少，收获多少！"如今，海尔集团已经有2万多人分流到"小微企业"中，并且孵化出470多个项目。这种做法有哪些优势呢？海尔模式能够为平台或者单元赋能，而平台或者单元能够为客户赋能。反过来说，客户得到了良好的体验，购买了海尔的产品和服务，再付款给平台或者单元。即海尔平台（单元）的薪资是由客户直接支付，而不是由海尔支付。

有人问："如果海尔与平台（单元）脱离了关系，平台（单元）会不会因业绩差而选择离开？会不会产生企业无法约束平台这样的问题？"这种可能性是存在的。当然，海尔也有自己的应对方法。海尔把自身当成了一家"代工厂"，下订单给"代工厂"的是海尔内部的各个"单元"，所谓"单元"，就是海尔的"创客们"，他们需要准确找到市场，将"客户"与"代工厂"对接起来。与此同时，海尔提供的服务与帮助是其他企业无法做到的，只有海尔的"创客"才能得到海尔提供的这种服务。换言之，海尔为创客提供了一种"黏性服务"，创客则需要将这种"服务基因"转化成经济效益。

对于其他企业而言，不一定非要选择创客模式，但是企业管理者一定要从海尔的创客模式中明白一个道理：企业管理者需要打造一个价值平台，让所有人在这样的价值平台上成长，并将自身价值与平台价值结合在一起。这就需要企业管理者做好三项工作：

一、搭建平台

许多传统企业没有这样的"价值平台",只有岗位。岗位与平台存在本质上的区别,平台并不是"虚无"的存在,它是一种价值的体现。如果一名员工在自己的岗位上表现出色,就会得到晋升机会。平台不仅仅包含了"晋升"机会,还包含了精神价值,能够为平台上的员工带来成就感。

二、敢于授权

在本书中,我们多次提到授权,可见授权的意义多么重要。企业管理者不仅要为员工提供开放的平台,还要给予平台上的员工足够的权限,让他们能够独立地经营自己的事业。如果企业管理者处处设卡,这样的平台就不是平台,而是岗位。

三、给予好的机制

海尔的创客模式是一种合伙人模式,只要有能力,就可以从这种合伙人的模式中获得收益。因此,企业管理者应该给予平台一个良好的机制,也要为优秀的员工创造"创业"的机会,继而将员工发展为"高级合伙人"。

如今,许多企业致力于搭建"价值平台",做好价值平台并不是一件容易的事情,它不仅需要企业管理者拥有足够的魄力,而且还需要企业处于较为稳定的生存环境中。假如企业正处于经营困难期,这个时候就需要企业管理者带领企业渡过困境,企业稳定后再进行创新与平台的搭建。

第十章

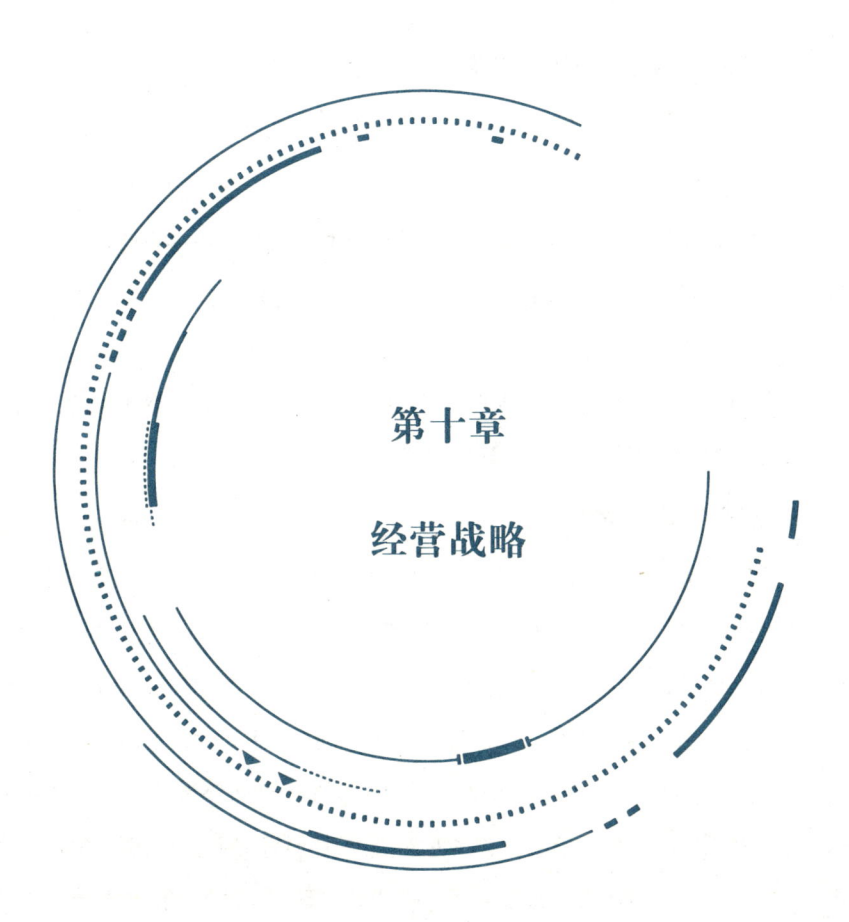

经营战略

01　战略思考与全局思维

企业管理者要有战略思考能力及运用思维的能力。战略思考与运用思维结合在一起，就是"经营战略"。什么是战略思考？这个词似乎有些抽象，战略思考并不是一种特定的"思考"，而是一项关乎企业经营的"活动"，它包含了企业的常规规划、企业的计划设计与安排，以及企业在竞争市场中的调整与创新。战略思考是谋求企业发展的全局式战略，它是全面的、纲领性的，战略思考需要企业管理者做出三个层次的思考。

一、对关键问题的思考

不同的企业遇到的问题不同，哪些问题有可能成为企业发展道路上的"拦路虎"呢？监督不力可能引发"道德风险"，监督不力就是关键问题；劳动效率低引起企业效益下降，如何提升效率就是关键所在，而劳动效率就是该企业的关键问题。除了内部问题之外，还存在外部问题。比如，市场环境的变化、政策调整等，都会对企业的发展造成影响。企业管理者需要找到这些关键问题，并且找到解决问题的方案。思考并解决关键问题，相当于为企业治病。企业的成长就像儿童的成长，仅仅确保它的"身体健康"是不够的，还要给予其他方面的管理和帮助，让它更加强大。

二、对商业模式的思考

企业如何才能盈利？选对商业模式很重要。不同的企业有着不同的商业模式。商业模式可以分为传统模式和创新模式。海尔的创客模式就一种非常适合海尔产品（营销）的模式，而拼多多的"拼单"模式也是适合自己的一种特殊模式。还有一些直销企业选择直销模式。直销与传统分销的优势在于，直销取消了"中间商"。企业管理者需要对商业模式进行思考，选择怎样的商业模式。进入互联网时代之后，市场发生了巨大变化，企业管理者需要找到适合企业自身生存与发展的商业模式，不断调整经营战略，才能在瞬息万变的市场中占有一席之地。

三、对企业信仰的思考

好的企业，一定是有信仰的企业。没有信仰的企业，如同失去灵魂的人。管理者不仅要思考企业的信仰，还要思考如何为企业注入信仰。有一位资深企业管理者说过这样一句话："企业如果没有信仰，即使是上市公司，也有毁灭的一天。如果你是一家企业的老板，如果你打算成为一家企业的老板，你就应该从更深层次去思考信仰问题。"企业需要信仰，企业管理者也需要信仰。企业信仰是企业文化的DNA，没有企业信仰，也就无法形成稳定的企业文化和企业文化环境。信仰是人类的精神家园，有信仰的企业，才能吸引人才，才能让员工产生归属感。

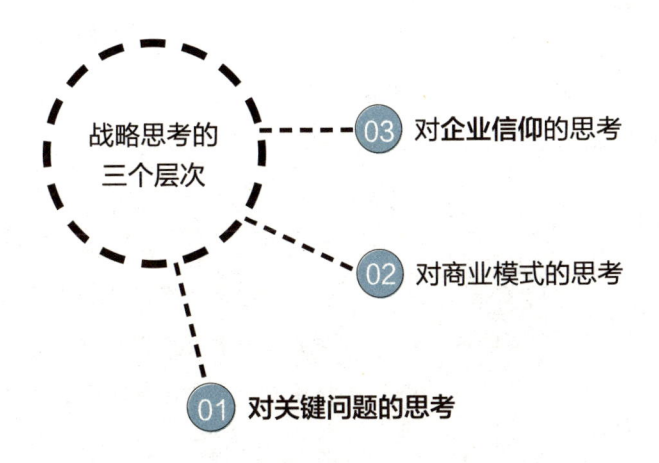

图10-1 企业管理者对企业战略三个层次的思考

- 战略思考的三个层次
  - 03 对企业信仰的思考
  - 02 对商业模式的思考
  - 01 对关键问题的思考

企业管理者对企业战略三个层次的思考，就是对企业命运的思考。企业管理者还要懂得运用思维，并将运用思维做到极致。什么是运用思维呢？运用思维，就是如何使用并锻炼常见的管理思维。

（1）企业管理者要熟练运用战略思维。如何从"高处"远望，为企业发展提供建议、谋略；如何找到企业发展的规律；如何运用规律解决企业存在的问题；如何找到科学的方法解决问题。

（2）企业管理者要懂得什么是创新思维。如何因地制宜解决问题；如何打破迷信的、权威的惯性思维；如何突破局限，打开新局面；如何运用新思维解决老问题；如何引进新技术并使用新技术等。创新是发展的动力，企业管理者只有懂得创新，才能运用创新思维。

（3）企业管理者要懂得辩证思维。懂得辩证思维，能够分辨出事的真假，懂得丑恶；懂得辩证法，能够解决企业发展的关键问题；坚持辩证法，能够帮助企业管理者避免片面地认识管理，克服自身缺陷去解决企业发展不平衡的问题。

（4）企业管理者要懂得底线思维。有些企业的管理非常"松散"，以至于执行层面无法落实具体工作，继而导致管理与执行遭遇难题；还有一些管理者为了业绩"剥削"员工，这些做法都是没有底线的。懂得底线思维，才能设置最低目标，才能守住底线，才能防止道德滑坡。

运用思维 ≪ 企业管理者 ≫ 企业管理者要熟练运用战略思维；
企业管理者要懂得什么是创新思维；
企业管理者要懂得辩证思维；
企业管理者要懂得底线思维。

图 10-2　企业管理者如何运用思维

德鲁克说过这样一句话："没有'尽善尽美'的战略决策。人们总要付出代价。对相互矛盾的目标、观点及重点，人们总要进行平衡。最佳的战略决策只能是近似合理的，而且总是带有风险的。"所以，企业管理者需要坚持战略思考和运用思维，这两点决定了企业的未来。

02　运营认知思维

一名企业管理者，只有拥有了运营认知思维，才能管理运营好企业。什么是运营认知思维呢？运营认知思维就是一种运营思维，它涵盖了多项思维，如流程思维、利润思维、模型思维、产品思维等。

运营是"运"和"营"的结合。所谓"运"，就是运作，运用。所谓"营"，就是经营。运营，就是运作并经营一个项目（企业），并且使其顺利发展，甚至壮大起来。小米科技总裁雷军是企业运营高手，他曾经多次强调"成本"二字。如果运营成本高了，就会挤占产品的利润空间；如果控制好运营成本，或者低成本运营，就能将企业发展壮大，也能提升产品的利润空间。雷军认为："成本意识要从公司创建时就根植于创业者的思想中。在互联网泡沫时期，资金成本比较低，创业公司比较容易获得融资，有些创业者就开始'豪华型'创业。这类创业者没有过苦日子的经历，以为未来会一帆风顺，所以租用奢侈的办公室、举办铺张的会议、投入巨额市场费用，等等。一旦遇到困难，或者市场环境发生剧烈变化，这类公司很容易就倒下。如果创业者平时没有养成成本意识，等到真正遇到问题的时候再去建立是非常困难的。成本意识只有从领导者开始，才有可能贯彻全员。如果领导者不以身作则，不反复强调，不建立成本控制体系，整个公司成本管理一定会非常混乱，这样的公司也不容易获得成功。"是的，省钱就是赚钱，我们经常听到这样一番话："赚一块钱可能很难，省一块钱却很容易。"成本思维也是运营思维中的一种思维方式，有了成本思维，才能学会控制成本。有人问："运营企业的成本类型很多，难道都需要控制吗？"是的，都需要控制。成本控制要精确到每一个项目上，在世界五百强企业中，大多数企业老板甚至可以用"吝啬"来形容，只有懂得"节省"，才能为企业留住资金，创造更大的价值。就像雷军说的那样："不该花的钱一分钱不能花，要从每件小事做起，很多创业者认为一起创业的员工很辛苦，在报销电话费、出租车费和宴请费等方面非常大方。创业初期，这些费用的确不多，但这种风气一旦养成，就很难改善。等公司壮大，员工增加，再加上有一小部分员工缺乏成本意识，这几项成本就是天文数字了。其实，回报员工的方式有很多，比如提高薪资待遇或者给予更多的股票等，但不应该在成本管理上放松。"

成本思维是运营思维的一种，产品思维也是运营思维的一种。众所周知，许多知名企业都会精心地运作一款产品。小米科技的小米系列产品在业界非常有名，小米科技旗下的多款产品质量好、性价比高，拥有数以亿计的"米粉"。苹果公司的"苹果系列"产品也是享誉全球，乔布斯说过这样一句话："专注和简单一直是我的秘诀之一。简单可能比复杂更难做到：你必须努力厘清思路，从而使其变得简单。但最终这是值得的，因为一旦你做到了，就可以创造奇迹。"正因为乔布斯的"专注"和"简单"，才造就了现在的苹果公司。除了小米科技和苹果公司之外，腾讯公司的高级副总裁张小龙，作为微信之父，他和他的团队一直在为微信赋予"新能量"。为什么那么多人选择微信？因为微信的功能强大，能够帮助用户解决很多问题。微信是腾讯旗下的一款重磅产品，其影响力仅次于QQ，在中国拥有10亿用户。张小龙说过这样一段话："我们的产品是为用户服务的，而不是为竞争对手服务的。我们要重视用户，而不是竞争对手，总是花时间研究竞争对手而不是去了解用户，是做不出好产品的，应该把更多的精力放在了解用户身上。"从这段话不难看出，产品高手张小龙同时也拥有用户思维，而用户思维也是运营思维中的一种。

在前面，我们还提到了利润思维。利润思维也叫利润意识思维或者利润观念，百度百科给出这样的解释："利润观念是指企业在营销活动中必须获得利润、创造利润的指导思想。利润是企业收入扣除成本和税金之后的余额，是衡量企业营销状况的重要依据。获得利润和创造利润是企业作为独立的商品生产者或经营者的本质要求。树立利润观念，企业就能自觉地加强经济核算，通过价值尺度计算营销全过程的投入与产出，努力降低成本，多获得利润。"如果一名企业管理者没有利润意识和成本意识，也就无法为企业创造利润；如果一名企业管理者没有产品思维，也就无法为客户创造出高质量的产品；如果一名企业管理者没有客户思维，也就无法维护好客户。

运营不是一两句话就能够说清楚的，运营是复杂的，也是简单的，它需要管理者不断提升自己的综合能力，拥有产品思维、客户思维、利润思维、成本思维、流程思维等，才能逐渐懂得企业运营。

03 财务认知思维

有许多管理者虽然没有从事过财务管理工作，但是却对财务有很深的认知。什么是财务呢？财务是一个"财会学"名词，百度百科给出这样的解释："财务泛指财务活动和财务关系。前者指企业在生产过程中涉及资金的活动，表明财务的形式特征；后者指财务活动中企业和各方面的经济关系，揭示财务的内容本质。因此，概括起来说，企业财务就是企业再生产过程中的资金运动，体现了企业和各方面的经济关系。"财务部门可以说是企业中的重要部门，财务工作与"钱"相关。或者说，财务等同于"钱"。管理好财务，就等同于管住了"钱袋子"。许多企业管理者会安排自己最信任的员工来做财务工作，由此可见，财务对企业而言是多么重要。

营销部门销售产品，发票是从财务部门开取的，销售产品的货款也要一并交到财务部门。采购部门采购产品，采购的货款是由财务部门批复的。生产部门调整生产，组织生产所产生的一切费用，都是由财务部门支出。哪怕一名销售人员出差、公关所产生的差旅费、礼品费、宴请费等一切费用，都由财务部门支出。财务是企业的"钱袋子"，既要支出，又要收取；既要开具发票，又要进行财务对账、盘账、税务等一切与财务相关的业务。有人说："企业老板只需要管理好财务部门即可，不需要懂财务。"其实，企业管理者虽然不需要精通财务方面的知识，但是必须要有财务意识。

一、不安全的财务意识

有些年轻人都是月光族，因为不需要为其他人负责，所以赚多少钱花多少钱，甚至完全没有积蓄，一旦遇到问题，就会陷入困境。这类人几乎不具有财务意识，他们只考虑今天不考虑明天。因此，当他们花光了钱，就会产生一种"不安"的情绪。

二、安全的财务意识

与上述"月光族"不同的是，拥有中国传统家庭观念的人是非常节省的，他们有"后顾之忧"，会想办法赚钱、攒钱，甚至不舍得花钱，过着非常节省的生活。等他们退休后就会发现，自己只是得到了最为基础的退休养老保障，财务管理水平并不能带来更好的保障，仅仅只是满足了"安全"的需要。这类人非常多，几乎占了职场的70%。

三、舒适的财务意识

如今，许多年轻人，尤其是年轻白领追求高品质的舒适生活。他们向往这样的生活，也会为这样的生活努力，拼命工作，经常加班，直到实现自己的梦想。但是，当他们拥有了这一切，就会发现，自己的身体已经被透支，无法继续享受高品质的舒适生活。这样"高品质的舒适生活"是用身体换取的，而不是通过财务管理实现的。

四、富裕的财务意识

在这个社会中，真正能够实现财务自由的人少之又少，只占全部人口的3%左右。这一群体虽然人数很少，却是真正拥有财务意识的人，他们一边努力工作获得高额的收入，一边用财务知识管理自己的收入。经过一段时间就会发现，他们的财富越积越多，甚至可以做到"钱生钱"，只要做到这一步，他们就能够依靠财务管理实现自己的梦想，这样的财务意识就是富裕的财务意识。

企业管理者需要拥有富裕的财务意识，能够意识到财务的重要性，财务在企业运营中的作用。其实，广义的财务是一种"职能"，它不仅能够帮助企业"管钱"，而且还能帮助企业"赚钱"。比如，许多企业在采购产品时，通常采取"银行承兑"的方式进行支付；但是在销售环节中，却采取"现款"的方式进行结算。企业管理者在批复项目（采购）支付款项时，会直接批复银行承兑汇票，而不是批复现金。当然，这就需要财务部门的配合，更需要企业管理者对财务人员下达指令，两者共同努力形成良好的财务管理。许多有财务经验的企业管理者经常与财务部门的管理者进行交流，他们对财务的领悟很深刻，拥有富裕的财务意识，并且了解企业的每一笔投资具有怎样的价值和回报。这样的管理者，管理的投资项目很少会亏损。商业大亨李嘉诚就是深谙财务的人，中国会计网刊登了一篇名为《李嘉诚的财务秘籍》的文章，文章中写道："李嘉诚的财务管控法已经成为大型企业集团财务管控的标杆，甚至被不少人士称为'李氏管控法'。这种以财务管控为主的管控模式，其实很简单，主要以财务指标对企业成员进行管理和考核。只需关注投资回报，通过投资优化追求集团企业价值最大化。"由此可见，企业管理者拥有财务意识是多么重要的一件事。

04 信息分析与决策思维

前面我们讲了信息分析对于企业的运营管理非常重要。在信息时代，信息就代表着一切。许多大型企业都引进了"大数据处理技术"和"云计算技术"，就是为了进行信息分析。有人问："既然有技术，我们是不是不需要再做类似的工作了？"虽然我们可以把"数据分析"和"信息处理"等工作交给计算机来完成，但是必须要做关键数据的信息分析工作。计算机分析是"科学逻辑"的分析，它是不带有情感的。企业管理者对关键数据做出判断，除了在科学的前提下，还要依靠自身经验和对未来事物发展方向的预测。企业管理者做决策，不完全是理性的，还有情感、经验等综合体现。信息分析是一项重要工作，甚至还是非常热门的"学科"。企业管理者为什么要进行信息分析呢？有以下三方面的重要因素：

一、跟踪

企业管理者是管理层的核心人物，所有的重要指令、计划、目标都会从管理层布置下去，落实到具体的岗位及个人。任务布置完成，执行层就需要按照计划、流程来执行。但是工作进程到底是怎样的？这就需要企业管理者对执行工作进行跟踪。如何进行跟踪？管理者要对项目进展中产生的数据和信息进行分析。如果项目进展得不顺利，反馈回来的信息就会为企业管理者制订新任务方案，或者释放权限、提供资源帮助提供支持；如果项目进展得很顺利，企业管理者就会继续充当"旁观者"进行观察、跟踪。

二、比较

有时候，企业管理者制订的决策方案不止一个，可能有两个，甚至三个。在这些决策方案中，要选择最适合的来落实。那么，应该怎么进行选择呢？企业管理者需要对决策方案进行比较，再做选择。如何进行比较呢？这就需要对决策方案背后的数据、信息进行分析、比对。

三、预测

企业管理者在做决策之前，都需要进行"预测"。企业管理者需要借助信息数据来预测市场，这样才能制订出有针对性的市场方案；企业管理者需要借助信息数据预测政策市场，才能制订出规避"政策风险"的经营方案；企业管理者需要借助信息数据预测未来市场的走向，才能调整策略，制订出具有前瞻性的计划和方案。

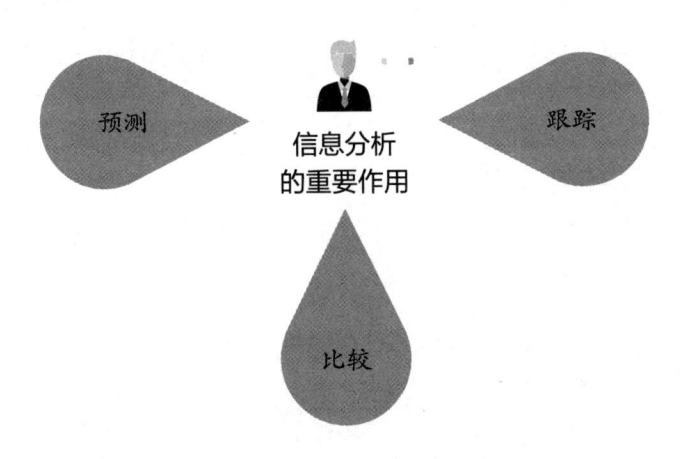

图10-3 信息分析的重要作用

企业管理者无论是预测，还是跟踪、比较，都需要做好信息分析工作。信息分析与企业管理者的决策息息相关。当然，在这里我们还必须强调一个关键因素：企业管理者必须具备决策意识，这样才能做出正确的决策。

什么是决策意识呢？决策意识是一种让人深思熟虑并理性做出抉择的意

识,有了这种意识,企业管理者才能理性做出决策,而不是草率做出决策。有一些人总是犹豫不决,越是关键时刻越拿不定主意,这也是一种缺乏决策意识的表现。如何才能理性、科学、准确地做决策呢?前面我们说到信息分析,企业管理者充分做好信息分析的工作,就是为理性做出决策提供的相关帮助和支持。就像一篇名为《戒掉坏习惯不是靠毅力!有"决策意识"的人,才能真正掌控自己》的文章中写道:"做决策是'慎思系统'的工作。但'慎思系统'作为进化中的新生事物,却从来没有获得过真正的控制权。因为人们在做决策时所需要的信息,全部来自不可靠的'反射系统'。决策意识,就是意识到自己在做决策。我们必须成为自己内在世界的观察者,花更多的时间来反思自己的决策。只有这样,我们才能识别出大脑的'短视'行为,并制订出理性的应对方案。为了我们的长远利益考虑,这是十分重要且必要的。"

信息分析是为企业管理者做决策提供帮助的,做决策的整个过程,就形成了一套决策思维。现实中也有许多决策思维方法,如SPADE法,因本书篇幅有限,我们不再进行详细介绍。

05 人才战略思维

一名企业管理者要学会使用人才,还要为企业打造人才智库。人才是企业发展的动力,没有人才的企业是不可想象的。因此,企业管理者还要拥有人才战略思维,把最优秀、最适合企业发展的人才引进公司,并让他们出现在自己最擅长的岗位上。苹果创始人乔布斯说过这样一句话:"我过去认为一名高水平的人才可以替代两名平庸的员工,而现在我认为能替代50名。苹果公司的成功得益于发现了许多才华横溢、不甘平庸的人才。不是B级、C级人才,而是真正的A级人才。我发现团队中只要有五名这样的人才，他们就会喜欢上彼此合作的感觉，这是一种前所未有的感觉。与优秀的人合作之后，这些高水平的人才就不愿再与平庸者合作。所以你只需要招纳几位精英到团队中来，他们可以通过自己的力量将这个团队扩大。"才华横溢的人有着非常强大的吸引力，而这种吸引力也会吸引到与他水平相当的人才。

什么是人才战略思维呢？人才是一种战略资源，把人才当成战略，吸引人才、培养人才、使用人才，依靠人才去推动企业发展的思维方式。

广纳良才是一种人才战略思维。我国拥有世界上最广阔的劳动力市场，随着教育水平的提升，每年都有大量的优秀毕业生离开学校，走进职场。这些优秀的毕业生，不仅学历高、能力强、专业程度高，而且还具备创新能力。如果企业管理者能够从校园中招纳优秀的大学毕业生，将会为企业注入新的活力。除了校园招聘之外，还有社会招聘。企业管理者应该搭建良好的企业招聘平台，优化招聘流程，设置招聘条件，给予优秀的社会人才良好的待遇和工作平台，这样才能招募到社会上的优秀人才。广纳良才不仅能够为企业注入活力，而且还能激活企业内部的人才竞争环境。企业员工只有感受到竞争压力，才能自我挖掘潜能，调动自身能动性，进而提升自身的竞争力。从另外一个角度来看，广纳良才产生了非常积极的"鲶鱼效应"。

让人才发挥自身优势也是一种人才战略思维。广纳良才是一方面，人才进入到企业中之后，能否发挥出能力，也需要企业管理者做出一些"让步"。那么，需要做出哪些"让步"呢？许多传统的企业管理者通常采用"一视同仁"的态度对待员工，不管什么样的人才，进入公司后，都要接受同样的"挑战"。曾经有一名优秀的博士生毕业后进入某企业，企业老板强行要求他去生产车间"体验"一年生产工作。后来，这位博士生实在无法忍受，入职不到几个月便选择了离职。企业管理者不是"霸王条款"的设定者，而是"弹性需求"的提供者。企业管理者应该为人才制订具有一定弹性的工作机制，让人才自己去进行选择。人才选择了自己喜欢的岗位，才能发挥出自己的长处。如果人才在岗位上处处"受控",并且得不到施展才能的机会,也就无法发挥人才的特长。企业管理者不仅要学会让步,还要适当授权,给他们舞台施展才华。

合伙人思维也是一种人才战略思维。长江商学院高层管理教育平台刊发了一篇文章,文章中写道:"1990年华为就开始尝试员工持股计划,但是后来发现,在高技术企业,人才流动非常快,很多人才离开以后仍然继续持有公司股权,分享企业创造的价值,这对企业的发展是不利的。所以在1997年,华为升级了员工持股计划,即虚拟股权计划,实际上就是利润分享计划。员工只要在企业中工作,就可以继续持有股权。如果离开企业,那么企业将以净资产的方式收回股权,并将股权转给其他员工。这样就使得离开企业的人,在不再为企业做贡献后,不能再分享企业利润,也不能依靠股权获得收益。只有这样,才能够使其他员工参与分享公司的股权,才有利于公司的发展。近几年,华为又做了改变。很多高级管理人员、老员工获得的公司股权收益远超过其完成自己本职工作得到的工资收益。如果这种情况持续下去,那么很多员工只要做好本职工作,就能得到很高的收入,最终不会再为公司的发展壮大而继续努力。于是华为又研究了新的股权机制,叫作获取分享制,即减少股东每年获得的收益,把创造的大量利润收益,以奖金的方式,分享给当年创造价值的人,并且规定简化股东收益,股东每年只能获得利润的25%,其余75%要通过奖金分配给员工。这样就激励了更多员工创造更高的价值,而不能只依靠股权获得收益。"华为的这套股权激励战略就是一种"合伙人思维"战略,员工以股份入伙,成为华为的企业合伙人,谁创造的利润最高,谁就可以获得最多的奖金和分红。这种"股权激励+合伙人"模式,不仅能够留住人才,还能进一步激发人才的创收能力。

当然,合伙人制度是否成功,还需要管理者做好三项工作:

第一,一定要学会与大家共享资源。

第二,责任下沉到具体的部门、个人。

第三,一定要"利益"共享,否则将失去合伙人的意义。

除了上述多种思维之外，企业管理者还要有跨界思维。在企业中，许多岗位是相互交叉的。技术人员，可能还要同时兼任技术推广与产品营销等工作。一名员工身兼多职将是未来的发展方向，也能体现员工的工作能力。企业管理者一定要有岗位与技术互相交叉的思维，为企业培养更多复合型人才是企业管理者应当尽到的责任。